LES

DESSOUS DE PARIS

ALENÇON. — TYPOGRAPHIE POULET-MALASSIS ET DE BROISE

ALFRED DELVAU

LES
DESSOUS DE PARIS

AVEC UNE EAU-FORTE

DE

LÉOPOLD FLAMENG

PARIS

POULET-MALASSIS ET DE BROISE

LIBRAIRES-ÉDITEURS

9, rue des Beaux-Arts

1860

Traduction et reproduction réservées.

DÉDICACE

Cher Nadar,

Tu m'as offert si souvent et de si bonne grâce le *rameau d'or* qu'on est forcé d'avoir toujours à la main dans cet Enfer social qui s'appelle Paris,

Tu as été si souvent pour moi un *Petit Manteau-Bleu* intelligent et discret,

Que je croirais manquer à tous mes devoirs en n'avouant pas ici, bien haut, tout ce que je te dois.

Tu as fait envers moi des effets de poche, — permets-moi de faire envers toi un effet de cœur.

J'ai le cynisme de la reconnaissance.

Alfred DELVAU

LES
DESSOUS DE PARIS

CE QU'ON APPELLE, JE CROIS, UNE PRÉFACE

Il y a, dans cette ville d'élégants qui a nom Paris, une notable quantité d'heureux et d'heureuses qui naissent, vivent et meurent dans une atmosphère ouatée sur toutes les coutures, et qui, de cette façon, ignorent les heurts douloureux, les chocs pénibles, les courants d'air désagréables, les bruits malsonnants et les odeurs malsaines.

Ces heureux et ces heureuses, millionnaires ou bourgeois, descendants des Montmorency ou des Jérôme Pâturot, s'extériorisent très peu et se confinent volontiers dans les délices de l'*at home*, du *gemüthlichkeit*, du *chez soi*, — sans le moindre souci des neiges, des bises et des misères du dehors.

C'est une existence charmante, certes, que cette existence-là, et je me la suis souhaitée pour ma part assez souvent, — aux approches du jour de l'an.

Ah! la belle vie, Monsieur! C'est le rêve de Don Papalamiendo, le bachelier de Salamanque. Avoir une bibliothèque de vieux livres, une cave de vieux vins, une compagnie de vieux amis! Avoir une femme honnête qui fait semblant de vous aimer tant que vous êtes jeune, qui a soin de vous dans votre vieillesse, et qu'on enterre proprement lorsqu'on lui survit! Puis des bambins joufflus et roses qui vous tirent la barbe quand vous en avez, qui vous grimpent aux jambes quand vous n'avez pas la goutte, et qui vous appellent *papa* — comme s'ils en étaient bien sûrs, les chers et terribles innocents!... Puis, le chat familier, qui fait sur vos genoux des rêves couleur de souris, et le chien, non moins familier, qui vous regarde de temps en temps de son œil doux et tendre, intelligent et dévoué, — ce qui ne l'empêche pas le moins du monde de songer aux perdrix de l'an passé et aux cailles de l'année prochaine!... Puis encore, les souvenirs de jeunesse, qui neigent sur votre cœur, — parfums enivrants! — et les espérances de l'âge mûr, qui neigent sur votre esprit, — senteurs mélancoliques!... Puis enfin, les travaux choisis, les études préférées, les occupations sereines, les inquiétudes bénies, les lettres à lire et les lettres à écrire, les ingrats à oublier et les dévoués à aimer, les vaillants à admirer et les désespérés à consoler, — tout un monde de devoirs charmants et de plaisirs austères !...

Quand on vit de cette vie-là, on ne se mêle que très rarement à la foule, et l'on a des habitudes et des distractions bien différentes des siennes.

Ainsi, on recherche avec empressement, on lit avec curiosité les livres de voyages où se trouvent des descriptions de pays, de mœurs et de costumes qui paraissent étranges et intéressants, — parce que ce ne sont pas nos pays, nos mœurs et nos costumes.

On n'est pas fâché de faire quelques milliers de lieues au coin de son feu, les pieds sur les chenets, entre la dernière tasse de thé et le premier bâillement, — et l'on serait bien scandalisé contre l'écrivain qui essayerait de vous prouver que les sauvages en casquette et en bourgeron bleu qui passent dans votre rue, en sifflotant quelque refrain obscène ou idiot, sont tout aussi curieux à observer que les oranglauts de l'archipel malais ou que les habitants de la province du Khorazan.

Les hommes, d'ordinaire, — je parle de cette honorable classe de citoyens qui ont pignon sur rue et rentes sur le grand-livre, — aiment assez à se nourrir l'imagination de récits hyperboliques qui ont fait un chemin du diable avant d'arriver jusqu'à eux. Ils sont convaincus que les voyages bonifient ces histoires-là comme ils bonifient certains vins : ils boivent plus volontiers des récits *retour de l'Inde.*

C'est le même sentiment qui leur fait préférer les confitures de goyaves aux confitures de cerises, — parce que les cerises ont la simplicité de pousser sur les cerisiers de Montmorency, et que les goyaves ne se récoltent qu'aux Antilles. Cela les change, en effet, — pour parler leur langage. Mais les confitures de cerises sont et seront toujours préférables, — et de beaucoup.

Ils ne sont pas fâchés, non plus, d'apprendre qu'il y a, vers le Groënland, des banquises de deux cents à trois cents lieues, sur lesquelles il ne pousse rien, — pas même des patins, — et, vers l'équateur, des déserts de sable, d'autant de lieues que les banquises, où l'on ne rencontre personne, — pas même un verre d'eau.

Cela fait un aimable contraste avec les plaines de la Beauce et les pâturages de la vallée d'Auge. Et puis, cela les change un peu de leurs petites averses parisiennes qui font lever les petits pois, et de leur petit soleil d'opéra-comique qui fait pousser les asperges.

La pluie a du bon, cependant, — en dehors des rhumes, — et je lui reconnais pour ma part quelques qualités que j'aurais de la peine à reconnaître aux moustiques, aux maringouins et aux cancrelats.

Le soleil, non plus, n'est pas désagréable, et les

représentations qu'il donne chaque année à notre bénéfice ne manquent pas de charmes, — quoiqu'il soit un peu éreinté et d'âge à céder son rôle à un autre soleil plus jeune et plus vif.

C'est à cause du plaisir qu'ils me donnent l'un et l'autre, que je veux essayer d'attirer l'attention sur les choses et les gens qu'il éclaire et qu'elle arrose. C'est à cause de l'intérêt que je trouve à Paris, que je veux appeler sur lui l'attention des Parisiens, — au détriment de Calcutta, de Bénarès, de Tombouctou, du cap York, de Mexico et autres Guatemala.

Je ne dis pas, remarquez-le bien, qu'il est absolument inutile de savoir ce qui se passe chez nos voisins, — bien que ce soit là de la curiosité déplacée.

Certes, il est bon de savoir la couleur et la grandeur de la feuille de figuier que se mettent ou ne se mettent pas les O-taï-tiennes; bon aussi de savoir à quelle sauce se mangent mutuellement les Caraïbes ou les Malaisiens ; bon aussi de savoir comment se marient ou ne se marient pas les naturels de la baie d'Hudson ou les habitants du royaume de Siam ; bon aussi de savoir mille autres choses qui nous ont été révélées par ces nombreux voyageurs officiels ou fantaisistes qui s'appellent Christophe Colomb, Fernand Cortez, Pizarre, Cabral, Humboldt, Basil-Hall, Ross, Parry, Francklin, Bulloch, Victor Jacquemont, Delégorgue, Watterton, Bougainville, Cook, Lapérouse, Marion,

Baudin, Freycinet, Duperrey, Dumont d'Urville, etc., etc., etc.

Mais ne serait-il pas bon aussi de savoir comment naissent, vivent, mangent, aiment et meurent les Caraïbes et les Peaux-Rouges de Paris?

Vous aurez beau faire, comme le capitaine Cook, plus de vingt mille lieues de mer, — c'est-à-dire trois fois la circonférence de la terre, — vous n'en serez pas plus avancé pour cela, si vous ignorez ce qui se passe dans la ville où vous êtes né et où vous revenez mourir.

Puisque vous avez le goût des entreprises hasardeuses et des aventures étranges, sortez de chez vous et embarquez-vous résolûment sur cet océan parisien où, à de certaines profondeurs, les monstres s'agitent et se démènent en des convulsions sinistres, — pêle-mêle avec les perles et les coraux; quand vous reviendrez à la surface pour prendre souffle et éviter l'asphyxie, peut-être qu'alors vous ne songerez plus à explorer les autres mers: celle-là suffira à vos explorations.

Elle suffit aux miennes. Je ne suis pas né pour rien en pleine truandaille, — c'est-à-dire en plein faubourg Marceau. J'y retourne sans cesse d'instinct, — comme les libellules retournent au-dessus des étangs d'où elles sortent, comme les papillons retournent sur les fleurs où ils ont vécu chenilles. Il y a des gens qui comptent quatre cents ans de noblesse : je compte, moi, quatre cents ans de roture parisienne. J'aime la ville qui sera ma tombe comme elle a été mon berceau. Le dessus est charmant : le dessous est horrible.

Je viens bien tard pour raconter mes impressions de voyage, — pour signaler les verrues, les aspects boueux et malsains du Paris que l'on essaye d'habiller à neuf en ce moment. Je viens après Mercier, après Rétif de la Bretonne, après Dulaure, après Touchard-Lafosse, — et surtout après Balzac, Gérard de Nerval et Privat d'Anglemont, les plus courageux explorateurs qui aient été jusqu'ici. Mais enfin je viens comme je peux, à mon heure, après la moisson, — pour ramasser les épis oubliés.

J'échouerai sans doute dans cette âpre besogne de raconteur, qui exige tant d'aptitudes diverses et qui devrait être faite par un écrivain assez bien doué pour posséder, en outre de l'extravagance de Spindler et de la mélancolie de Gérard de Nerval, le caprice de W. Hauff, la verve d'Hoffman, l'audace d'Edgar Poë, l'humour de Sterne et la puissance d'analyse d'Honoré de Balzac.

J'échouerai, mais du moins j'aurai tenté, — et il me sera tenu compte de cet effort. Si chacun essayait ainsi, on finirait bien par avoir, un jour ou l'autre, un portrait ressemblant de ce sphinx qu'on appelle Paris.

Et puis, le livre est tiré, — lecteur, il faut le boire.

1.

A PROPOS DE DEUX PLONGEURS

DE L'OCÉAN PARISIEN

On meurt de Paris comme on meurt du poison pris à petites doses. Mithridate seul y aurait résisté, non pas parce qu'il était roi, — ce qui n'est rien, en somme, — mais parce qu'il s'était familiarisé d'une façon savante avec le poison.

Deux hommes en sont morts, — sans s'en douter.

Je veux parler de Gérard de Nerval et de Privat d'Anglemont, — deux noctambules, deux Parisiens, deux flâneurs, deux humoristes, deux bohêmes, d'un mérite différent, certes, mais d'une destinée pour ainsi dire commune.

Il faut raconter leur vie et leurs œuvres à ceux qui n'en ont nul soupçon, — cela peut être salutaire à quelqu'un ou à quelque chose. Il est bon d'apprendre aux gens « que leur grandeur attache au rivage » par quelles misères lamentables ont passé ces deux plongeurs de l'océan parisien, et quelles perles ils ont rapportées de leurs explorations au parfond de cet horrible gouffre.

Cette double biographie, je l'ai écrite à des heures différentes, — et du vivant même des biographiés. Comme je n'ai rien à y changer, et que mon opinion d'alors est encore mon opinion d'aujourd'hui, je la donne telle quelle, sans la falsifier d'un iota. « Je n'aime point à parler des vivants, — dit Jacques le Fataliste à son maître, — parce qu'on est de temps en temps exposé à rougir du bien et du mal qu'on en a dit : du bien qu'ils gâtent, du mal qu'ils réparent. » Gérard de Nerval et Privat d'Anglemont n'ont rien gâté, et n'ont eu rien à réparer. Ce que j'ai dit lorsqu'ils vivaient, je puis le dire maintenant qu'ils sont morts.

Je vais donc, si vous le permettez, commencer par Gérard de Nerval : — le maître avant le disciple !

GÉRARD DE NERVAL

> « Un livre est une lettre que l'auteur adresse aux amis inconnus qu'il a dans le monde. »

Gérard de Nerval a écrit quelques-unes de ces lettres-là à ses amis connus et inconnus. Ses livres sont de ceux qu'on relit de temps en temps, — le plus souvent qu'on peut, — dans les heures de brouillard de la vie. Chaque fois qu'on les ouvre, il s'en échappe comme un parfum tiède et mélancolique des souvenirs évanouis, — comme un écho tendre et un peu affaibli des vieilles histoires d'amour du temps où vous étiez jeune, amoureux et fou. Ce sont des livres qu'on pourrait écrire soi-même, — si l'on avait du talent, de l'esprit et du génie. Faute de pouvoir s'écrire, on se lit dans les œuvres des autres. Il y a là avantage et plaisir.

Gérard de Nerval, — qui appartient par son âge et par ses amitiés à la génération romantique, — est cependant moins connu que M. Eugène Scribe, membre de l'Académie française, je crois. M. Scribe a fait beaucoup de vaudevilles, il est vrai ; des vaudevilles à colonels et à tiroirs, où *lauriers* s'empresse de rimer avec *guerriers*, et où *succès* croirait manquer à tous ses devoirs s'il ne rimait pas avec *français* ! Ces vaudevilles-là ont fait fureur, à ce qu'on prétend, et M. Scribe est millionnaire, dit-on, — plus millionnaire que ses rimes, en tout cas.

Mais M. Scribe n'est pas un littérateur, — dans l'acception noble et grande de ce mot, — il ne l'a jamais été, il ne le sera jamais. Est-ce pour cela qu'il est académicien ?

Gérard de Nerval, lui, s'est contenté de mettre au monde, de temps en temps, des livres intéressants, attachants, spirituels, finement pensés et correctement écrits ; — des livres dont quelques-uns sont des diamants de l'eau la plus pure, — et Gérard de Nerval est tout ce qu'il y a de moins millionnaire au monde, et l'Europe ne le connaît pas !

Pourquoi cela ? Ah ! je le devine bien, — mais je ne veux pas l'écrire.

Gérard de Nerval a voyagé, a rêvé, a aimé, — et il a mis en prose et en vers ses amours, ses rêves et ses voyages. Hier il était au Caire et il écrivait *Les Nuits du Rhamazan*. Aujourd'hui il est en Allemagne et il en rapporte *Lorely*, la fée du Rhin, — la muse d'Hoffmann et de Jean Paul. Demain il ne quittera pas la France. Il ira dans le vieux pays du Valois, émietter ses souvenirs de jeunesse le long des rives verdoyantes de la Thève, devant les maisons un peu moussues du village de Loisy; et il en reviendra avec *Sylvie*, — une histoire attendrissante qu'on veut relire après qu'on l'a lue déjà plusieurs fois.

Gérard de Nerval est ce qu'on appelle un fantaisiste, un essayiste, un réaliste. Seulement il se garde bien d'être réaliste à la façon de M. Champfleury, et — pour ma part — je lui en sais gré.

Ni écrivain trop grave, — ni écrivain trop frivole. Héraclite et Démocrite pilés dans le même mortier. Il a eu le paradoxe pour parrain, et la poésie pour marraine ; avec cela on va loin, — quand on n'est pas arrêté en chemin.

Il professe, — si je ne me trompe, — la théorie de Ludwig Bœrne à l'endroit de l'art et de sa mission. « Ce n'est pas ce que l'art représente qui importe à l'art, — dit l'écrivain allemand, — c'est la manière. Une grenouille, un concombre, un gigot de mouton, un Wilhelm Meister, un Christ, tout lui est égal, pourvu que tout soit bien peint. »

Gérard de Nerval est un artiste qui peint bien,— très bien. C'est un poëte qui sait mettre des clochettes d'argent au bout de ses vers et de ses phrases,— pour qu'on les entende mieux et de plus loin.

Je ne lui connais pas d'aïeux. On a pu lui reprocher je ne sais où, je ne sais quand, son imitation de Diderot, qui avait imité Sterne, — lequel avait imité Swift, qui avait imité Rabelais, — lequel avait imité Merlin Coccaïe, qui avait imité Pétrone, — lequel avait imité Lucien. Et Lucien en avait imité bien d'autres, n'est-ce pas? Qu'est-ce que tout cela peut nous faire?

« C'est imiter quelqu'un que de planter des choux! »

Les procédés littéraires de Gérard de Nerval sont peut-être très compliqués ; en tout cas, le résultat obtenu par eux est si naturel, qu'on est fondé à les croire très simples. Aussi arrive-t-il, — précisément à cause de cette absence d'affectation et de maniérisme, — à des effets très remarquables. Il a de l'audace, et cette audace lui sert bien, parce qu'il sait bien s'en servir. Tout en n'ayant pas l'air d'*avoir le diable au corps*, suivant la recommandation de Voltaire, il l'a, et bien plus que Voltaire, — ceci soit dit sans t'offenser, vieil Arouet! Il est poëte et sait mieux qu'un autre se frayer un chemin à travers les broussailles du langage, — broussailles Hercyniennes où le génie s'égare quelquefois Il va partout où va son imagination, — partout où le conduit la folle, l'évaporée, la fantasque, la Muse en un mot! Il revient quelquefois essoufflé et épuisé de ces courses vagabondes ; mais, — soit une larme, soit un sourire, — ce qu'il en retire est une perle.

Le public n'a pas besoin d'être mis dans la confidence de ce sourire, — d'être initié à la Genèse de cette larme. On la lui sert toute chaude, on le lui sert tout étincelant : pourquoi en saurait-il davantage ?

Car c'est là un des côtés remarquables et précieux du talent de Gérard de Nerval. Tout en faisant de fréquentes incursions dans le domaine de sa propre vie, tout en racontant souvent ses propres aventures, il est sobre d'éclaircissements et prodigue de délicatesses. Chez lui le *moi* est arrivé à n'être pas haïssable.

Sans doute parce qu'il n'est pas *haïssant*. Le talent de l'auteur de *Sylvie* est doublé d'une bienveillance qui se dément rarement. Il n'a point de mépris, point de haine, point de fiel. Quant à sa moquerie, elle est trop mélancolique pour être cruelle.

Ses œuvres complètes tiendraient aisément sur un rayon de bibliothèque. Elles ne forment pas de gros volumes ; mais ce petit nombre est composé d'œuvres de choix qui arriveront vite à être les œuvres de prédilection de la génération qui naît.

Aucune n'est à citer avant l'autre, — parce que toutes sont les filles heureuses d'une imagination tendre et mélancolique, poétique et forte. Toutes, de la première à la dernière, — depuis la traduction de *Faust*, faite à dix-huit ans et applaudie par Goëthe, jusqu'à *Aurélie, ou La Vie et le Rêve*, dont la première partie a été publiée par la *Revue de Paris*, et dont les derniers feuillets ont été retrouvés l'autre jour par Théophile Gautier dans les poches de Gérard, — toutes ces œuvres témoignent d'un talent très remarquable que chaque jour mûrissait et qu'une fatalité terrible a arrêté dans son essor.

De ses voyages en Allemagne, Gérard de Nerval avait rapporté *Lorely*, un volume d'impressions où l'esprit lutte de grâce avec la rêverie, un livre à la façon de Sterne, — plus la façon de Gérard. Toutes les délicatesses du style, toutes les tendresses rêveuses de l'imagination qu'on rencontre dans *Lorely*, se retrouvent, — mais plus accentuées à cause du voisinage, — dans la traduction des œuvres d'Henri Heine, un poëte d'outre-Rhin et d'outre-Seine.

De ses voyages en Orient il avait rapporté *Les Femmes du Caire* et *Les Nuits du Rhamazan*, deux toiles empourprées et dorées comme celles de Diaz, — mais Diaz vu à travers Corot. *Les Nuits du Rha-*

mazan sont une seconde édition, — revue et considérablement embellie, — des contes de Galland. Madame Sheerazade contait bien, sans doute ; mais elle contait avec moins de grâce, d'entrain, d'esprit, que Gérard de Nerval, — qui avait des reflets d'Orient jusqu'au bout des ongles.

De ses voyages en France, dans la Picardie, l'Ile-de-France et le Valois, il avait rapporté *Sylvie*, un livre écrit avec des souvenirs, un livre où il y a des larmes et des sourires, de grandes joies et de grosses tristesses, — plus de larmes et de tristesses que de sourires et que de joies, peut-être. Car toute sa vie tient, — frémissante et éplorée, — dans ces pages si savantes de style et si savantes de sentiment ; et, de la première page jusqu'à la dernière, on y sent palpiter, — comme autant d'oiseaux moqueurs, mais charmants, — toute la nichée des affections évanouies, et cependant toujours vivantes au cœur du poëte. De l'amant, je n'en parle pas ; amant et poëte, n'est-ce donc pas la même chose ? L'un ne chante-t-il pas les élégies de l'autre ?

Lisez *Sylvie*, et, quand vous l'aurez lue, relisez-la ; lisez-la encore, — lisez-la toujours. Il y a des livres qu'on doit avoir sans cesse sous les yeux et sous la main, — même lorsqu'on les a dans la mémoire. Il y a des pages immortelles qui sont des chefs-d'œuvre de style, de grâce, d'esprit et de sentiment, et qu'on doit prendre pour modèles, — sans pouvoir jamais les imiter, hélas ! *Sylvie* est de ce nombre.

Ce devait être l'œuvre bien-aimée de Gérard. On le voit marcher, en souriant doucement, dans ces rêves étoilés et perdus de sa jeunesse, — dans ces sentiers fleuris et parfumés de ses souvenirs; on le suit à travers les méandres capricieux de son esprit et les enjambées insensées de son cœur.

Tout cela n'est ni mièvre, ni maniéré, ni malsain, ni précieux. Gérard ne porte nullement son cœur en écharpe, — comme un héros de roman bien tendre et bien ridicule. Il ne s'habille pas avec l'habit vert-pomme de Werther, il n'a pas le moindre pistolet, et la femme qu'il aime ne s'appelle pas Lolotte. Sa mélancolie est des mieux élevées et des plus décemment vêtues; elle est douce comme un parfum et caressante comme une brise. On la respire, — elle n'asphyxie pas.

Il y a là des paysages d'une fraîcheur extrême, des tableaux d'une poésie exquise, devant lesquels on se surprend à rêver pendant des heures entières, — comme on rêve parfois devant les paysages de Claude Lorrain, ou devant les toiles de Breughel de Velours.

Il y a là des parfums et des harmonies, respirés et entendues déjà autre part, dans votre existence. C'est une évocation charmante d'un passé radieux estompé par la brume des regrets. On voit passer devant ses yeux éblouis, fascinés, apitoyés, les fantômes roses des premières années et des premières amours. On entend retentir à ses oreilles enchantées les symphonies enivrantes de la vingtième année. Ce sont des chansons à deux voix, — commencées dans un baiser et interrompues par un soupir!... Les meilleures pages des *Confessions* de Jean-Jacques ne sont pas plus chastement passionnées que les pages de ce livre, — qui pourrait s'appeler les *Confessions* de Gérard.

Vous vous rappelez, n'est-ce pas, cette belle journée d'été qui fait battre le cœur du vieux Jean-Jacques? Vous revoyez, — comme il les revoyait lui-même à travers ses souvenirs, — ces deux rieuses jeunes filles, Mlle de Graffenried et Mlle Galley, cheminant et devisant avec Rousseau pour conducteur? Son émotion, ses tressaillements, sa joie folle d'être appelé à partager le repas improvisé par elles et assaisonné par leur gaîté, son embarras lorsqu'il se trouve seul avec l'une d'elles, — tous ces détails charmants qui revivent colorés et pittoresques sous la plume éloquente de l'auteur de la *Nouvelle Héloïse*, chacun les a lus et a voulu les relire. Ce sont ceux que l'on recherche avec le plus d'avidité dans la biographie des Hommes Célèbres, — surtout lorsque cette biographie a été écrite par eux-mêmes. Ils prouvent deux choses : d'abord que ces grands hommes ont été hommes; ensuite que le meilleur et le plus doux de la vie se trouve bien décidément au commencement.

Eh bien! ces détails racontés par Rousseau, — et d'autres que j'oublie, — ne valent pas encore pour moi ceux dont est illuminée cette autobiograhie de Gérard de Nerval, qui porte pour titre un doux nom : *Sylvie!* Je me suis senti plus remué, je l'avoue, en lisant ce simple et mélancolique récit du voyage de Gérard et de Sylvie, — deux enfants autrefois, deux amoureux!

Ils vont ensemble à Othys, voir une grand'tante qui les aime tous deux, — elle, parce qu'elle est sa petite-nièce, lui, parce qu'il aime sa petite-nièce. Ils se sont mouillé les pieds en courant le long de la Thève, à travers les prés, et le long des bois de Saint-Laurent, à travers les ruisseaux et les halliers. Ils se sont mouillé les pieds, — et aussi le cœur.

« Bonjour, la tante! dit Sylvie. Voici vos enfants; nous avons bien faim!... »

Alors elle embrasse la grand'tante, bien tendrement, sur les deux joues, sur ses blancs cheveux d'aïeule, lui met dans les bras l'énorme bouquet composé de grandes touffes de digitale pourprée, — qu'elle et lui ont cueillies en chemin, — puis elle songe enfin à présenter Gérard en disant :

« C'est mon amoureux! »

Gérard embrasse à son tour la tante qui dit :

« Il est gentil.... C'est donc un blond?... Cela ne

dure pas ; mais vous avez du temps devant vous, et toi qui es brune ; cela s'assortit bien.... »

Pendant que la vieille brave femme décroche la poêle au long manche, jette quelques fagots dans la cheminée et s'apprête à confectionner une de ces omelettes savoureuses qu'assaisonne si bien l'appétit, Sylvie et Gérard montent l'escalier de bois conduisant à la chambre de la tante.

« O jeunesse, ô vieillesse saintes ! qui donc eût songé à ternir la pureté d'un premier amour dans ce sanctuaire des amours fidèles? Le portrait d'un jeune homme du bon vieux temps souriait avec ses yeux noirs et sa bouche rose, dans un ovale au cadre doré, suspendu à la tête du lit rustique. Il portait l'uniforme des garde-chasses de la maison de Condé ; son attitude à demi martiale, sa figure rose et bienveillante, son front pur sous ses cheveux poudrés, relevaient ce pastel, médiocre peut-être, des grâces de la jeunesse et de la simplicité. On voyait sa femme dans un autre médaillon ; attrayante, maligne, élancée dans son corsage ouvert à échelle de rubans, agaçant de sa mine retroussée un oiseau posé sur son doigt. C'était pourtant la même bonne vieille qui cuisinait en ce moment courbée sur le feu de l'âtre. Cela me fit penser aux fées des Funambules qui cachent, sous leur masque ridé, un visage attrayant qu'elles révèlent au dénoûment, lorsque apparaît le temple de l'Amour et son soleil tournant qui rayonne de feux magiques. « O bonne tante, m'écriai-je, que vous êtes jolie ! » — « Et moi donc ? » dit Sylvie, qui était parvenue à ouvrir le fameux tiroir. Elle y avait trouvé une grande robe en taffetas flambé, qui criait du froissement de ses plis. « Je veux essayer si cela m'ira, dit-elle. Ah ! je vais avoir l'air d'une vieille fée ! » — « La fée des légendes, éternellement jeune !... » dis-je en moi-même. — Et déjà Sylvie avait dégrafé sa robe d'indienne et la laissait tomber à ses pieds.... »

Mais je m'arrête : j'aurais à citer tout le volume. Sylvie se transforme en accordée de village ; Gérard endosse les habits de noces du garde-chasse et se transforme en marié de l'autre siècle, et tous deux, — les bons, beaux et joyeux enfants, — descendent en se tenant par la main. A cette apparition, la tante pousse un cri. « O mes enfants ! » dit-elle. Et elle se met à pleurer, puis elle sourit à travers ses larmes.

N'est-ce pas une douce et ravissante histoire que celle de ces deux jeunes gens, mariés « pour tout un beau matin d'été ? » Et le cœur ne saute-t-il et ne tressaute-t-il pas à la lecture de ces confidences parfumées de tendresse et mouillées par les regrets ? Je ne sais pas vraiment si les jeunes gens de ce siècle littéraire, — ouvert par Chateaubriand, Byron, Goëthe et Victor Hugo, — ont tort de porter d'autres lunettes que celles portées par les hommes de la génération élevée à l'abri du *Sopha* de Crébillon fils et des

Contes de l'abbé de Voisenon; je ne sais pas s'il faut à notre esprit d'autres satisfactions, d'autres bonheurs, une autre pâture, — mais, je le répète, Rousseau n'a rien écrit de pareil, et le chef-d'œuvre de Gérard de Nerval vaut mieux que le chef-d'œuvre de Jean-Jacques.

Faut-il tourner le dernier feuillet de cette histoire amoureuse, raconter le dénoûment de cette fraîche idylle dont la musique résonne si délicatement et avec des notes si suaves à l'oreille? Quand l'amoureux d'autrefois, — à qui l'on avait promis tant de choses, — revient pour prendre la place qu'il avait retenue dans le cœur de l'amoureuse, — qui a oublié tant de choses, — cette place est prise; on ne le reconnaît presque plus! Il est vrai qu'il est bien vieilli, bien changé; mais Sylvie, qui est restée jeune, fraîche et jolie, est encore plus changée que lui!...

Henri Heine a raison : « Ce que sont les coups de bâton, on le sait; mais ce qu'est l'Amour, personne encore ne l'a découvert.... »

Cette nouvelle, — *Sylvie*, — fait partie d'un volume qui porte pour titre *Les Filles du feu* et qui contient plusieurs récits extrêmement attachants. Chacun de ces récits est orné d'un nom de femme : *Angélique, Gemmy, Émilie, Isis, Octavie, Sylvie, Corilla.*

Elles sont bien nommées, ces filles de son imagination et de ses souvenirs : *Les Filles du feu!*

C'est dans *Angélique* que se trouve cette spirituelle

plaisanterie de l'*abbé de Bucquoy*, composée pour faire pièce à l'amendement-Riancey sur le feuilleton-roman. C'est une plaisanterie renouvelée du *Roi de Bohême*, de Charles Nodier, — avec cette différence que ce dernier se moque un peu de ses lecteurs, et que Gérard de Nerval ne se moque que de la loi qui frappe les romans-feuilletons.

Ce fantastique *abbé de Bucquoy*, — qui sert de cadre et de prétexte à plusieurs histoires très amusantes, — parut il y a quelques années dans le feuilleton du journal *Le National*, je crois.

Après *Lorely*, le *Voyage en Orient*, le *Faust*, après *Sylvie* et l'*Abbé de Bucquoy* viennent les *Illuminés*.

Ce volume renferme une série d'études sur d'illustres inconnus, — grands hommes du ruisseau, de la borne, de l'hôpital, visionnaires ou prophètes, poëtes ou autre chose, — *Cazotte, Cagliostro, Quintus Aucler, Raoul Spifann, l'Abbé de Bucquoy, Restif de la Bretonne*.

Ce volume est curieux et intéressant à plus d'un titre.

Ce n'est pas seulement de la libre fantaisie que fait là le poëte. Il ne se contente pas d'être humoristique et saisissant, à la manière d'Hoffmann ; il veut encore être profond à la manière d'un penseur, — qu'il est. Il ne veut pas seulement raconter des histoires étranges, esquisser les biographies lamentables de pauvres fous de génie, décrire les sombres existences du coin des rues. Il veut encore, — en entrant et en faisant entrer avec lui son lecteur dans ces cerveaux fendillés, ébréchés, entr'ouverts, où tombe la pluie, où règne la nuit, où l'intelligence se débat haletante, désespérée, sous des toiles d'araignées immondes, — il veut encore voir et faire voir aux autres, aux sains, aux sages, aux bien-portants, le pourquoi de ces perturbations et de ces démences.

Ces recherches ont un côté vertigineux, — si elles ont un côté attrayant. Et précisément, le vertige vient de la séduction. On se sent, malgré soi, entraîné dans les profondeurs de ces abîmes, dans les immensités ténébreuses de ces cerveaux frappés de réprobation par le monde et de sarcasme par les imbéciles heureux. Les évolutions frénétiques et insensées de cette comète morale qui a nom la pensée, — à travers les espaces bleus, rouges ou noirs de la cervelle, — vous tiennent haletants, inquiets et enfiévrés de curiosité. Vous devinez bien qu'il y a là-dedans, — entre ces murailles de chair et d'os qui s'élargissent incommensurablement sous la pression terrible et formidable de la folie, — une genèse inconnue, différente de la Genèse vulgaire, pleine de mystères, pleine de choses!... Vous devinez bien que ces cervelles dédaignées, bafouées, hors la loi sociale, renferment des mondes qui dansent une ronde continuelle autour d'un soleil intérieur qui les réchauffe et les éclaire, et que leur immensité, — comme celle dont parle saint Paul, — est peuplée d'une création vivante !

On ne touche pas impunément à ces mystères ; on ne soulève pas impunément ces voiles épais qui recouvrent l'Isis symbolique de la pensée ; on ne fait pas impunément une halte, — même d'un instant, — sous les mancenilliers de ce pays étrange et maudit. Car ces arbres secouent sur vous leur torpeur et leur poison ; car le spectacle de ces excentricités sublimes, — ou de ces extravagances niaises, — trouble votre raison et fait chavirer cette pauvre petite galiote que vous avez si imprudemment aventurée sur le grand Océan. La folie est contagieuse, comme la bêtise, comme la bonté, comme le dévouement !...

Dans ce volume des *Illuminés*, il y a une étude extrêmement intéressante sur le *M. Nicolas* de Restif de la Bretonne, — un écrivain bizarre et presque original, dont la biographie méritait d'être écrite par Honoré de Balzac ou par Gérard de Nerval. On ne sait pas assez, — dans notre France indifférente, — quels sont les pères et les grands-pères de certains systèmes, de certaines théories, de certaines doctrines. On les accepte toutes faites de la main de qui les présente comme siennes, et on ne s'inquiète que médiocrement de leur véritable origine et des événements qui ont précédé, accompagné et suivi leur enfantement. Qu'importent en effet les pères, — puisqu'il y a des parrains !

Restif de la Bretonne, esprit noueux, talent rugueux, génie sauvage, plein des naïvetés de l'ignorance et des corruptions de la civilisation, est et restera comme un type accentué, remarquable ; et, si ses œuvres se perdent, on pourra les retrouver quelque part, — dans les œuvres d'écrivains plus contemporains. Les romanciers et les vaudevillistes se sont emparés déjà cent fois de sa *Paysanne pervertie*, et Charles Fourier, — le grand réformateur besançonnais, — lui a emprunté beaucoup trop de choses.

Gérard de Nerval a tiré un très spirituel parti de cette figure accentuée à la manière de Rembrandt et de Callot. C'est une étude intéressante à plus d'un titre, je le répète, que celle qu'il en fait. On y voit une préoccupation sincère du style du XVIIe siècle, et on y rencontre des pages qu'on croirait signées de Diderot.

Gérard de Nerval a en outre travaillé pour le théâtre. Il a fait *Piquillo*, — œuvre lyrique, musique de Monpou, — en collaboration avec Alexandre Dumas ; *Léo Burkart*, drame, en collaboration avec Dumas ; *Le Chariot d'Enfant* et *L'Imagier de Harlem*, en collaboration avec Méry.

Ces pièces n'ont peut-être pas eu tout le succès des drames de M. Bouchardy, toute la vogue des vaudevilles à colonels de M. Scribe, — mais ce sont, en tout cas, des pièces extrêmement littéraires et extrêmement intéressantes. Ce qui leur a nui, c'est l'esprit et la poésie que Gérard de Nerval y a semés. Que voulez-vous ! Le public raffole du strass et du cuivre ruolzé : pourquoi lui donner de l'or et des diamants ?

Je ne mentionne qu'en passant la participation de Gérard à la rédaction de plusieurs recueils littéraires, à *la Presse*, au *National*, à *la Revue des Deux-Mondes* et ailleurs. Montaigne a raison : « La paresse est bonne couveuse. » Il n'y a rien de tel que les flâneurs pour travailler beaucoup. On croit qu'ils dorment parce qu'ils ont les yeux fermés, qu'ils sont muets parce qu'ils ne parlent pas, et voilà qu'ils se mettent à écrire des choses adorables, à enfanter des livres admirables de style et de poésie : — ils méditaient !

Le dénoûment de cette mélancolique existence, on le connaît, — on l'eût deviné d'ailleurs.

Une nuit d'hiver, Gérard de Nerval avait déambulé à travers les méandres de Paris, à la pâle lueur des étoiles et sous l'aiguillon de ressouvenirs douloureux.

Peut-être songeait-il à cette chère évanouie qui avait tant de fois *illuminé* sa cervelle. Peut-être murmurait-il, comme François Villon, — le poëte parisien par excellence :

« Deux estions, et n'avions qu'ung cueur ;
Morte elle est, force est que devie,

> Voire, ou que je vive sans vie,
> Comme les images par cueur,
> Morte!... »

La nuit était froide et triste. Le brouillard du dehors filtra au dedans de Gérard et lui noya le cœur et l'esprit. Il descendit les deux marches d'un escalier qui conduisait dans une abominable ruelle du moyen âge, — la rue de la Vieille-Lanterne, — et là, dans ces ténèbres contre lesquelles les premières clartés de l'aube luttaient en vain, il s'arrêta, prit un lacet, et jeta au vent sa guenille charnelle.

C'était le 25 janvier 1855.

ALEXANDRE PRIVAT D'ANGLEMONT.

Vous coudoyez tous les jours, dans les rues de Paris, des milliers de passants et de passantes auxquels et auxquelles vous n'accordez pas la plus petite attention.

Vous faites très bien : ils et elles n'en sont pas dignes. Ce sont des physionomies sans physionomie, des médailles sans effigie et sans millésime. Ce ne sont ni des pièces de vingt francs, ni des pièces de cent sous, ni même des sous : — ce sont des liards.

Ces passants et ces passantes forment la foule, la tourbe, la masse, le troupeau, — le *servum pecus*, la *bellua centiceps* du poëte. Cela naît, cela vit, cela meurt on ne sait pas comment, — et l'on n'a pas besoin de le savoir. Ce ne sont pas des créatures humaines, — ce sont des ombres. Cela passe, — sans avoir été.

Et cependant, à ce qu'il paraît, ce sont là précisément les favorisés de la Providence, — cette grande inconséquente! Ce sont là les heureux, les joyeux, les tranquilles, les protégés de la loi, de la vie et du hasard! Cela a des femmes, des enfants, de la famille, de la propriété, des souliers, des habits, de l'argent, — je ne sais plus quoi encore. Cela jouit en un mot.

Mais, à côté d'eux, passent et repassent, tristes parfois, songeurs souvent, pauvres toujours, — de belles et grandes figures qui ont une physionomie, une couleur, un relief, une originalité, une date, une signification; ce sont des artistes, des poëtes, des penseurs, des chercheurs, des inquiets, — les énamourés de gloire, les affolés de chimères, les assoifés de rêveries. Ce sont les vrais membres de la *Burschenschaft*, — ce sont des hommes!

Aussi sont-ils, les trois quarts du temps, gueux, souffrants et songeurs, mal habillés et mal chaussés, mal peignés et mal boursés. Ils ont du génie peut-être, — de l'esprit à coup sûr. Ce sont des natures d'élite, des vases d'élection, des intelligences et des cœurs. Ils connaissent l'amour, ils pratiquent l'enthousiasme, ils ont le sens de la vie, ils ont le sentiment du bon et du vrai, du grand et du beau.

Aussi la foule, — le peuple des ignorants, le troupeau des Philistins, — la foule les couvre de mépris, d'injures et de boue, au lieu de les couvrir de fleurs, de caresses et de billets de banque.

Mais je vous connais, madame la Foule, — et c'est une mauvaise connaissance que j'ai là. Je vous connais ! Voilà dix-huit cents ans que vous préférez Barabas à Christ, le coquin à l'apôtre, Jean Hiroux à Jean Journet !

En sortant d'Athènes, Démosthènes se retourna, étendit les mains et s'écria : « O dame Minerve, patronne de cette cité, pourquoi prends-tu plaisir à trois si mauvaises bêtes, au hibou, au dragon et à la foule ?... »

Il avait raison, Démosthènes.

Donc, la foule hait les grands, les forts, les savants, les bons, les vastes cerveaux et les vastes cœurs. Elle les hait, — moi je les aime, et toutes les fois que j'ai le bonheur d'en rencontrer un, n'importe où, à n'importe quelle heure, je m'arrête et je m'incline. Si le bon Dieu n'était pas autant occupé qu'il doit l'être dans son Olympe, avec ses séraphins et ses séraphines, il viendrait un peu chez nous et ferait comme moi, — et il ferait bien !

Alexandre Privat d'Anglemont fut l'un de ces conspués de la foule. A ce titre, — et à d'autres, — je le relève de l'oubli où on aurait voulu le faire tomber.

Lui aussi, — cet héritier de Pierre Gringoire et de François Villon, — déambula à travers Paris, et battit de sa semelle infatigable ce vieux pavé de nos vieilles rues qu'il connaissait si bien. Lui aussi, — vagabond sans feu ni lieu, bohême « sans croix ne pile; » — passa la moitié de sa vie dans les exploration des dessous de Paris. Lui aussi, — tout en faisant des ballades à la lune et des sonnets aux « gentes saulcissières, » — trouva moyen d'apporter sa part de découvertes aux Alexis Monteil du présent et de l'avenir. Car ses *Petits métiers* et ses *Industries inconnues* resteront comme de précieux documents à consulter pour les futurs bénédictins qui auront à écrire l'histoire du Paris du XIXe siècle. Ce n'est pas là, assurément, un bagage suffisant pour entreprendre ce voyage au long cours qui s'appelle la Postérité. Mais Privat d'Anglemont, malgré ses grandes jambes et sa soif de locomotion, n'a jamais eu l'idée d'aller si loin que cela. Les longs voyages lui faisaient peur.

Si je parle de lui après avoir parlé de Gérard de Nerval, c'est parce que tous deux, — avec des titres divers et un talent différent, — ont parlé du Paris pittoresque et original que si peu de gens connaissent; et, aussi, parce que tous deux, vivant de Paris, sont morts de Paris, je le répète. Gérard de Nerval est mort de tristesse, rue de la Vieille-Lanterne, le 25 janvier 1855. Alexandre Privat d'Anglemont est mort de phthisie, à l'hospice Dubois, le 18 juillet 1859.

« O Athéniens, que de fatigues pour être loué de vous ! » — disait Alexandre au moment d'aller combattre Porus.

Les gens de lettres qui meurent à la peine, en léguant leurs recherches à leurs comtemporains, ne pourraient-ils pas en dire autant ?

LA CINQUIÈME DIVISION DE BICÊTRE

SIMPLE PRÉAMBULE

« Les Français réunissent dans un établissement quelques centaines de fous, pour faire croire que ce qui reste dehors ne l'est pas. »

Cette impertinence est de Montesquieu : vous la trouverez dans les *Lettres Persanes*. Montesquieu pourrait bien avoir raison. Shakspeare aussi, quand il dit : « *A mad world, my masters.* Le monde est fou, mes maîtres ! » Il y a des fous partout, à tous les étages, dans toutes les classes, dans les salons et dans la rue. Ne vous retournez pas trop brusquement, — vous en écraseriez deux ou trois.

Peut-être, après tout, que la folie est la maladie de l'homme, — comme la perle est la maladie de l'huître. N'est pas malade qui veut ! A preuve, Hamlet, roi de Danemark ; Léar, roi d'Écosse ; Henri VI, roi d'Angleterre ; Charles VI, roi de France ; Wenceslas, roi de Bohême ; Blaise Pascal, roi de la métaphysique; Jonathan Swift, roi de l'*humour*, — et tant d'autres rois sans couronne. Tous ces fous-là valent bien les prétendus sages qui sont si fiers de leur sagesse, — comme s'il y avait de quoi !...

Ayez donc la bonté de me dire où est la ligne de démarcation entre la folie et la raison ? Connaissez-vous la couleur de cheveu qui sert de frontière à deux États si différents ? Vérité en deçà, erreur au delà : pourquoi ? « Il n'y a qu'un demi-tour de cheville à passer de l'une à l'autre, » — dit le vieux Montaigne. A combien d'atmosphères faut-il chauffer pour que la cervelle éclate ? La science est muette à cet égard : elle constate — et n'explique pas. La pensée humaine est un clown de la force de cinquante Saqui et d'autant de Boswell sur l'exercice de la corde roide. Elle fait des sauts de carpe prodigieux qui font pâmer la foule d'enthousiasme ; elle rebondit du fumier jusqu'aux étoiles, — qu'elle décroche. Elle traverse le Niagara, comme Blondin, avec un homme d'une main et une omelette de l'autre. C'est le tour de force suprême : c'est le génie !... La pensée veut faire davantage encore, pour faire une moisson de bravos plus riche encore. Elle s'élève, s'élève, s'élève ; elle va de plus fort en plus fort, — et trébuche dans l'abîme. C'est la folie ! On applaudissait tout à l'heure : on siffle maintenant.

Et l'âme, Monsieur, que devient-elle dans cette

débâcle ? L'âme n'a rien à voir là-dedans ; l'âme n'est pas responsable de son étui. C'est une vagabonde qui ne prend nul souci des abris incommodes qu'elle pourra rencontrer dans ses migrations incessantes, — nul souci des mauvais lieux où elle sera forcée de passer sa nuit. Seulement, quand le corps où elle s'est logée par aventure devient par trop inhabitable, elle déménage.

Les malheureux qui composent la cinquième division de Bicêtre sont autant de logements dont le principal locataire est absent.

LES BAGATELLES NAVRANTES DE LA PORTE

J'étais parti par un de ces brouillards anglais, froids et gris, qui vous donnent des idées noires, et cela me disposait singulièrement au spectacle auquel je m'étais condamné pour ce jour-là. J'avais comme un crêpe sur l'esprit ; je portais par avance le deuil des intelligences mortes dont j'allais visiter le cimetière. Me mettre en route avec le soleil m'eût paru un outrage aux ténèbres qui m'attendaient là-bas.

Mais le soleil est un lunatique : je l'évitais, — et je le rencontrai à mi-chemin, éblouissant !

J'allai donc, malgré le soleil.

En arrivant devant la porte de l'hospice, — le

Bedlam parisien, — j'aperçus çà et là, assis sur des bancs, le menton sur leurs cannes, les yeux mornes, le chef branlant, des vieillards, des *Bons Pauvres* de Bicêtre.

Je ne connais rien de plus mélancolique que les débris, — débris de choses ou débris d'êtres. Ce qui a été a une poésie navrante que ne peut pas avoir ce qui est. Le *fuimus* est une élégie qui poigne toujours douloureusement. Nous avons été jeunes, nous avons été amoureux, nous avons été braves, nous avons eu de la gloire et de la fortune plein nos poches, — et aujourd'hui nous n'avons plus rien de tout cela que des cicatrices sur nos fronts et des toiles d'araignées dans nos goussets. Il nous reste bien au fond du cœur quelque parfum des joies et des espérances qu'il a contenues, — c'est-à-dire le souvenir, — mais ce parfum s'évente et se rancit d'heure en heure, mais le souvenir n'est plus qu'un regret !

Il est dans la destinée humaine de vieillir, et c'est fâcheux, vraiment. L'homme ne devrait avoir ni commencement ni fin, comme Dieu, dont il est l'image à ce qu'on prétend, — c'est-à-dire qu'il ne devrait avoir ni béguin ni béquilles, ni bavette ni mouchoir à tabac. L'homme devrait avoir trente ans pendant vingt ans, et ne jouer que les forts premiers rôles dans la vie. L'ironique et implacable Nature le force à jouer les niais et les ganaches ! Encore si ces niais et ces ganaches-là faisaient rire ! Mais non, ils n'amusent qu'au théâtre : dans la réalité, on les siffle.

J'ai le respect de la vieillesse, certes, comme j'ai l'amour de l'enfance : mais il faut que les bambins soient bien roses et que les vieux soient bien blancs. C'est si gai, l'enfance gaie ! C'est si beau, la belle vieillesse ! Mais, hélas ! l'enfance est-elle gaie ? la vieillesse est-elle belle ?... L'une se hâte trop de vieillir, l'autre s'efforce trop de rajeunir. Rien ni personne ne veut être à sa place en ce monde.

Voilà pourquoi les débris me mélancolisent si violemment. Voilà pourquoi les tessons humains, surtout, me navrent si âprement le cœur et l'esprit.

Voilà pourquoi je passai si rapidement devant les *Bons Pauvres* de Bicêtre. Ils ne disaient rien, ces vieux, — et ils pensaient encore moins. Ils avaient déjeuné, et ils venaient se chauffer aux derniers rayons de soleil de l'année, — leur dernière année, peut-être ! — en attendant l'heure du dîner, puis l'heure du sommeil : voilà tout ! Cela me rappela le Ferragus de Balzac, le grand Ferragus, — l'incarnation de l'énergie, de la vaillance, de la virilité, — regardant stupidement jouer au cochonnet dans l'une des allées du carrefour de l'Observatoire.

Tous ces bons vieux édentés, courbés, cassés, fourbus par la rude besogne de la vie, — à laquelle ils avaient été attelés pendant soixante-dix ans, — tous ces bons petits vieux avaient été des Ferragus, peut-être ! Peut-être avaient-ils affronté bien des hasards, couru bien des fortunes, joué avec bien des dangers, colleté bien des obstacles, pris d'assaut bien des impossibilités, — et ils venaient aboutir là, comme des invalides, ces combattants de la vie!...

Préface digne du livre que j'allais lire, n'est-ce pas?...

LA ROTONDE

Je traversai les différents cercles de cet enfer, en compagnie d'un gardien qui, de prime saut, me conduisit aux confins de cet Empire de la Folie, en face d'un bâtiment d'un aspect sinistre, — malgré le ciel bleu, malgré le soleil, malgré l'herbe verte qui croissait à l'entour et que broutaient une chèvre et son biquet.

— Qu'est-ce donc qu'il y a là-dedans? demandai-je, le cœur un peu serré.

— Des fous dangereux et des condamnés à mort, me répondit mon guide.

J'allais ouvrir la bouche pour dire que je n'entrais pas. Mais il n'était plus temps : j'étais entré.

J'avais déjà vu quelque chose de semblable quelque part, — au Jardin des Plantes.

J'étais au centre d'une énorme cage, partagée en six ou sept cages plus petites, qui servaient de parcs à trente-cinq malheureux aliénés, — la plupart en état de répréhension. Ils allaient et venaient là-dedans, sombres, farouches — ou joyeux. Les uns étaient étendus tout de leur long sur le sol ; les autres fumaient ; d'autres aussi jouaient aux cartes, — ou faisaient semblant d'y jouer ; — d'autres aussi criaient dans une langue inconnue et se frappaient la tête contre les murs en riant aux éclats. Au fait, ils riaient comme des fous, ces gens !

L'une des grilles s'ouvrit pour donner passage à un gardien. Je crus que c'était mon guide, et je le le suivis — machinalement. J'étais dans la fosse aux tigres, comme le prophète Daniel, — une fosse de cinq malheureux à qui la société avait fait grâce de leurs crimes en faveur de leur folie.

Il y en avait un entre autres qui écrivait d'un air affairé sur un cahier de papier, noir d'hiéroglyphes. En m'apercevant, il cessa d'écrire et me dit :

— Monsieur est véritablement trop bon... Je remercie bien copieusement monsieur. Bien bon ! bien bon ! trop bon ! trop bon !... Monsieur est, sans aucun doute, envoyé par la maison Morel, de Chartres ?.. J'étais en train de lui écrire, en réponse à son honorée du 35 ou du 36 du courant, je ne sais plus au juste... Du reste, je l'ai là dans mon brouillard... à moins qu'elle ne soit dans mon grand livre... car, tel que vous me voyez, Monsieur, je fais mes affaires exactement comme si j'étais dans ma maison de commerce... Elles n'en souffrent pas, ou si peu, si peu, que ce n'est vraiment pas la peine d'en parler. M. le directeur est très bon... trop bon même... Seulement, vous me feriez le plus sensible plaisir de vouloir bien faire avancer ma voiture... Il me serait désagréable d'aller de mon pied léger à mon deuxième étage... Où donc est cette lettre de mon commettant?...

Il se mit à feuilleter avec impatience les quatre ou cinq feuilles de papier qu'il avait devant lui, et, n'y trouvant pas « l'honorée du 35 courant, » il me jeta ce papier au visage, en me disant avec une colère froide — et sans bouger de son tabouret :

— Monsieur est vraiment trop bon... beaucoup trop bon... Mais il ne faut pas croire, Monsieur, que monsieur soit meilleur que moi... D'abord, moi, j'ai des rentes que j'ai plantées il y a deux ans et qui sont en train de pousser dans les étangs de Ville-d'Avray... des rentes superbes, un peu rouges peut-être... mais le rouge ne va pas trop mal... quand on connaît la manière de s'en servir...

— Par où sort-on d'ici? demandai-je, effaré, aux gardiens.

Mon guide me prit doucement par le bras ; la grille s'ouvrit, puis une autre grille, puis la porte de ce lieu sinistre : j'étais dehors!... Je me secouai un peu, comme si j'avais dormi sous un mancenillier. La chèvre et son biquet vinrent cabrioler sur le gazon, à deux pas de moi, — pour m'égayer.

— Le plus dur est fait, me dit mon cicerone. Maintenant, nous allons voir les maniaques, les gens à hannetons.... Ils sont doux comme des moutons, aujourd'hui, sauf un, qu'on a été forcé de camisoler tout à l'heure. »

Je me laissai conduire — sans me retourner. Quelques minutes après, j'entrais dans le bâtiment

DES AGITÉS

Le lieu serait charmant, — n'étaient les habitants.

Imaginez un grand jardin planté d'arbres et de fleurs. Tout autour règnent des galeries pour les jours de pluie, et, donnant sur ces galeries, une série de fenêtres fortement grillées, — les fenêtres des loges. Un seul côté de ce jardin, — celui qui regarde sur la campagne, — n'est pas clos de murs. Il est fermé seulement par une haute grille dont les barreaux sont assez rapprochés pour braver toutes les tentatives d'évasion, et assez écartés pour ne gêner en rien la vue, — qui est très belle.

Sur le premier plan, un rideau de peupliers touffus derrière lequel coule la Bièvre, — cette rivière calomniée par M. Champfleury. A l'horizon, des collines, des bois, des prairies. Puis, à droite, dans la vapeur, Paris!... Paris, où la plupart de ces pauvres cervelles ont fait naufrage!...

Mon guide ne m'avait pas trompé — Ces agités

étaient calmes. Il y en avait là une quarantaine de tous les âges et de toutes les positions sociales. L'un était assis sur la terre du jardin, tenant son pied d'une main, et, de l'autre, lui envoyant des saluts fort tendres. Un autre était accroupi dans un coin, la face cachée et sanglotant, pendant qu'un de ses compagnons riait aux éclats derrière lui. D'autres se promenaient, graves et silencieux, sous les galeries, — comme des péripatéticiens.

Un grand jeune homme blond vint à moi, tira un cigare de sa poche et me demanda très civilement — en anglais — la permission de l'allumer au mien. Cela fait, et quelques bouffées jetées au vent, il me demanda — en allemand — pour quelle raison on m'avait mis à Bicêtre. Je lui répondis — en français — que je n'en savais trop rien.

— C'est juste, dit-il avec un sourire de bienveillante pitié, très juste! Les fous ne savent jamais pourquoi ils sont amenés ici.... Pourquoi ne dites-vous pas tout de suite que vous n'êtes pas plus fou que moi? Je connais cette histoire.... Mais enfin, comprenez bien que, si vous êtes ici, c'est que vous avez la cervelle chavirée.... Pauvre garçon!... Ce que c'est que de nous!... Enfin vous êtes dans l'Ile Défendue et vous voulez en sortir, n'est-ce pas? Ne vous en cachez pas avec moi, car je peux vous servir.... Je pars samedi prochain.... Ma malle est faite.... Le navire que vous voyez là-bas, dans la plaine Saint-Denis, se balançant sur ancres comme un goëland sur les flots, mettra à la voile vers les quatre heures.... Où nous irons avec ma malle, je l'ignore, et vous l'ignorez certainement vous-même.... Le propre de l'homme est de s'ignorer.... Jusque-là tenez-vous les pieds froids et la tête chaude, le plus près possible du bonnet.... C'est un précepte de l'école de Salerne.... Il a du bon...., pour la tête.... Ah! la tête, jeune homme, la tête!... Comme il y fait chaud!... Ma chère petite pensée y cuit dans son jus....

Et il me tourna le dos.

— Monsieur, — me dit un autre agité d'un air jovial en me frappant doucement sur l'épaule, — je veux vous donner une décoration, car je l'ai bien méritée.... Elle vaut de l'or.... Chut!... Cachez-la soigneusement.... Louis-Philippe est là, première rue à main droite.... Vous demanderez au concierge, d'ailleurs.... C'est une affaire de temps, voilà tout....

— Si nous allions ailleurs? dis-je à mon guide.
— Allons ailleurs.

Il me conduisit dans un autre service, — celui de M. Voisin, je crois, — où il me signala tout d'abord

LE LAPIN BLANC

C'est le surnom d'un vieux maniaque nommé Laroche, qui est entré à Bicêtre vers l'année 1795. Il a une barbe blanche, des cils blancs, des cheveux blancs, un bonnet blanc, une robe de coton blanc, des bas blancs; je crois même qu'il a des souliers blancs. Il est inutile d'ajouter qu'il a les yeux rouges.

— Chaamant! Chaamant! me dit-il, Chaamant!...

— Père Laroche, lui demanda mon guide, chantez-nous une petite chanson bien gaie... hein?

— Ah! chaamant!... Chaamant! répondit le Lapin Blanc.

Et tout aussitôt il se mit à chanter la *Marseillaise*, — c'est-à-dire l'air de la *Marseillaise*, car pour les paroles, les voici :

>A...on afa... de la pa...ie,
>Le jo... de ga... est a...i...é.
>Cote no... de la ti...a...nie,
>L'étada... sagat... est le...é!

Ce n'est pas la peine de continuer, n'est-ce pas?... Après le Lapin Blanc, on me montra

LE TUTEUR D'ARBRES

Ce n'est pas un homme, c'est un Sylvain. Il a pris certains arbres du quinconce sous sa protection, — les plus vigoureux, c'est-à-dire ceux qui ont le moins besoin d'être protégés.

Avec quelle tendresse et quelle énergie il s'appuyait contre son arbre, — sous prétexte de l'empêcher de tomber!... Quel chagrin est le sien lorsque le vent souffle dans les ramures!

— Mes pauvres arbres! dit-il en pleurant. Mes pauvres chers arbres!...

Ces jours-là, quand il s'avise d'être le tuteur d'un arbre, il choisit le plus faible, et il le soutient si bien — qu'il finit par le déraciner.

J'en passe — et des plus tristes : le fou qui prétend que sa cervelle lui coule sur les talons, dans ses bas; celui qui n'ose pas marcher, de peur de se briser les jambes, qu'il croit de verre; celui qui s'imagine être artichaut et qui s'arrache une de ses feuilles, pour se nourrir; celui qui s'imagine être pape, et qui passe son temps à bénir dans toutes les directions, *urbi et orbi;* celui qui s'imagine être le fils de Dieu, et qui, au nom de son père, promet des bureaux de tabac à ses compagnons; celui qui s'imagine être Jasmin, qu'il appelle « la divine savonnette d'Agen »; celui qui se croit mort, et qui passe sa vie à se regretter; celui qui se dit le fils du comte Bocarmé et de la duchesse de Praslin, etc., etc., etc.

Les plus tristes à voir d'entre ces malheureux, ce sont

LES IDIOTS

C'est-à-dire les hommes au bourrelet, les enfants à barbe. Plus que les fous, ils sont faits pour vous déconcerter l'esprit. La plupart des fous conservent encore quelques débris de leur opulence passée, pour employer l'expression d'Esquirol, — mais les idiots, qui n'ont jamais rien possédé, n'ont eu rien à conserver. Peut-être qu'ils ont une âme comme le paysan de la légende avait des yeux. Ce paysan marchandait un jour des lunettes, et il les essayait gravement. — « Elles ne servent à rien, s'écria-t-il en repoussant les lunettes et le livre qu'on avait mis devant lui. Je ne puis lire un seul de ces mots!... — Mais, lui demanda le marchand, sans lunettes lisez-vous couramment? — Je n'ai jamais appris à lire, » répondit-il. Les idiots n'ont pas appris à penser.

Hélas! ce ne sont pas les lunettes qui leur manquent, — je veux dire les soins, l'exercice, le grand air. Si maison hospitalière m'a surpris, c'est Bicêtre. On ne peut pas dire précisément, à propos d'elle, ce que M. de Salvandy dit à propos de Bedlam, — à savoir qu'on loge les malheureux dans des palais, tandis qu'on loge les rois dans des hôpitaux; — mais il y a un ordre, une propreté, un luxe de précautions, de sollicitude, de bienveillance, qui vous attendrit. On s'imagine beaucoup, dans le public, qu'on ne traite les fous que par les douches, les affusions froides, les saignées et la camisole de force : on se trompe. Les fous sont traités aussi par la musique, par la bonne musique surtout, — et le maître de chapelle de Bicêtre, M. Reuet, est un artiste digne d'un public d'artistes.

Il y a des moments où Bicêtre ne ressemble pas trop à un hôpital de fous. Des moments, oui, — quand il fait soleil. Mais les jours de pluie et de brouillard ?...

P. P. C.

Bien que Virgile ait dit : *Facilis descensus Averni*, n'y descend pas qui veut. J'avais été recommandé au directeur, M. Carré, — un homme bienveillant et ferme, comme il convient de l'être dans de pareilles fonctions : il se mit très courtoisement à ma disposition, et ce fut grâce à lui que je pus visiter en détail cet immense établissement, les divers services, les cuisines, la lingerie, le puits, le réservoir, etc.

J'allai le remercier et prendre congé de lui.

— Adieu, Monsieur, lui dis-je, — comme l'homme aux quarante écus au géomètre, — vous m'avez instruit, mais j'ai le cœur navré.

— C'est souvent le fruit de la science ! me répondit M. Carré, qui possède son Voltaire.

CONSOLATION

Décidément, ce qui doit consoler les fous du dedans, ce sont les fous du dehors....

En revenant de Bicêtre, le soir, à travers champs,

je songeais, à part moi, aux gens qui circulent dans la société sans certificat de santé intellectuelle, sans diplôme de capacité morale, à tous ces *écervelés*, à tous ces *toqués*, à tous ces *visionnaires*, à tous ces *hallucinés*, à tous ces *rêveurs*, à tous ces *fantaisistes* que l'on coudoie dans la rue et dans les salons, dans les brasseries et dans les cercles, — aux faux Mécènes, aux abstracteurs de quintessence, aux faiseurs de journaux, aux actionnaires des mines de Mouzaïa, aux chercheurs de femme philosophale, aux buveurs d'eau, aux thésauriseurs, aux galantins de soixante ans, aux jeunes gens à cravate blanche, aux poëtes, à cinquante mille autres, — et je répétais la phrase de ce fou de génie qui avait nom Shakspeare :

A mad world, my masters!

Très *mad*, très *mad*, en vérité, — et c'est fort heureux !

LA MÈRE MELPOMÈNE

A côté des noces de Gamache de la Californie et des plantureuses goinfreries de chez Richefeu, — barrière Montparnasse, — il y a la joie tranquille et les festineries modestes du cabaret des *Vrais-Amis*, tenu par la mère Cadet.

Vous l'avez connu, n'est-ce pas, ce cabaret de la mère Cadet, — si populaire sous le nom de *Mère Melpomène* ou de *Mère des Cab?* Non pas celui qu'elle a ouvert depuis sept ou huit ans, et qui ressemble à tous les cabarets du monde, — mais l'autre, le vrai, le seul, l'unique, où il y avait un jardin orné de platanes et de treilles qui bourgeonnaient en septembre,

« Comme tous nous bourgeonnerons ! »

Un cabaret des bons jours, — des jours de notre jeunesse, — peint en rouge à l'extérieur, avec une cuisine à droite, en entrant, et Cartouche, gravement campé au milieu, — immobile comme un chien de faïence qu'il était presque... Brave Cartouche ! bon vieil animal ! tu ne mangeras plus de pavés, — toi qui les aimais si immodérément autrefois !...

A chaque minute, des cris plus ou moins euphoniques, — des cris de ventres affamés ! — partaient du jardin situé derrière la maison, le long du cimetière Montparnasse, et arrivaient bruyamment aux oreilles du personnel de la cuisine ; lequel personnel était invariablement composé de la mère Cadet, de son mari, d'une petite bonne et de deux énormes chiens, — dont une chienne.

— Mère Cadet ! mon beefteak aux pommes ! — Cartouche, à bas les pattes ! — Eh bien ! ce potage, maman Cadet, ce potage ! — Félix, la répétition est commencée ! — Mère Cadet, un litre et trois sous de pain ! — Mon bœuf aux choux, mère Cadet ! — Mère Cadet, mon ragoût aux pommes ! — Et cætera, et cætera, et cætera...

Les pommes de terre jouaient un grand rôle dans la confection des mets cuisinés de la propre main de la mère Cadet. De mémoire d'estomac, on n'y a jamais demandé ni mangé de perdrix, de cailles, de truffes, d'huîtres, — pas plus que de sauces à la mayonnaise, à la Marengo, à l'espagnole ou au velouté. L'ordinaire y était très ordinaire, car les comédiens ne sont pas riches, et d'ailleurs, les dents de vingt ans grignottent tout avec la plus grande philosophie.

Une seule fois cependant, une seule ! un noble voyageur, — quelque quincaillier attardé, — entra et demanda un morceau de poulet et une bouteille de bordeaux. Tout le monde alors l'entoura, et la mère Cadet fut tentée de crier à la servante ébahie, — comme Lireux au contrôleur de l'Odéon qui était venu lui annoncer, un soir, tout effaré, la présence dans la salle d'un spectateur payant : — « *Qu'on lui porte une chaufferette !...* » Demander du poulet chez la mère Cadet, c'était demander du sphinx, — et on aurait eu plutôt du sphinx que du poulet !... Quant au vin de Bordeaux, il y était aussi inconnu que le Xérès, le Valdépénas, le Porto ou le Lacryma-Christi...

Après avoir traversé une petite salle qui, avec la grande salle du premier, où il était défendu de fumer, — mais où l'on fumait extraordinairement, — était le seul endroit où l'on pût braver la pluie et la bise, on arrivait de plain-pied au jardin.

Ah ! ce jardin ! ce jardin ! comme il sentait bon l'esprit et la gaieté ! Que de chansons ! que de baisers ! que de petites querelles, vite apaisées ! que de grandes promesses, vite oubliées ! que de projets d'avenir ! que d'espérances de succès !... Cela sonne à mon souvenir aussi doucement que les touches de verre d'un harmonica....

Cela regaillardit tout à fait mes vieux jours,
Et je me ressouviens de mes jeunes amours !...

On pourrait dire de ce jardin qu'il a été l'antichambre de la gloire, du succès et de la fortune : car il faut bien vous imaginer que tous les comédiens et toutes les comédiennes que vous applaudissez ou que vous avez applaudis ne sont pas sortis du Conservatoire. Quelques-uns, je ne dis pas ! mais le plus grand nombre sortait de ce Conservatoire qui s'appelle la province et les théâtres de la banlieue. Je préfère cette école-là pour eux, comme je préfère, pour les artistes, l'étude de la nature à l'étude du modèle d'académie...

Interrogez la plupart des grands et petits artistes qui ont fait ou font encore l'illustration des théâtres de Paris, et tous vous répondront, s'ils ont la mémoire du cœur, — et, à défaut de celle-là, la mémoire de l'estomac, — tous vous répondront avec attendrissement : « Brave mère Cadet !... »

Brave femme, en effet, qui a donné la pâture à une génération tout entière de ces oiseaux nomades qu'on appelle des comédiens, — à qui le bon Dieu, qui ne peut pas songer à tout, oubliait parfois de la donner ! Tous, ou presque tous, ont passé par sa cuisine hospitalière avant d'arriver à la gloire, — ou tout au moins à la réputation et à l'argent !... Ils débarquaient les uns de Brives-la-Gaillarde, les autres de Meaux, ceux-ci de Rouen, ceux-là de Carpentras, — blêmes, éclopés, affamés, tirant la langue et le diable par la queue... Ils venaient frapper à cette porte toujours ouverte, y montraient patte blanche, entraient, s'asseyaient, mangeaient, buvaient, — *se recoquaient*, en un mot.

Quelques-uns veulent que je les oublie ou méritent d'être oubliés. D'autres ne renient pas ou n'ont pas renié ce passé joyeux et pauvre où l'on menait cette vie de Bohême si poétique et si belle, — lorsqu'elle est menée honnêtement et spirituellement!

C'est là que sont venus les deux Gabriel, le Gabriel des Variétés, aujourd'hui mort, — celui qui jouait le *Sosthènes* des *Saltimbanques* avec Odry, qui jouait *Bilboquet*, — et le Gabriel, toujours vivant, qui a joué à la Porte-Saint-Martin le rôle du *tonnelier-ténor* dans la grande *Revue* des frères Cogniard, alors directeurs de cette salle; puis Bignon, le vrai Bignon, le seul Bignon, un artiste de talent, le Bignon de l'Odéon, de la Porte-Saint-Martin, du Théâtre-Historique; puis Clarence, le mélancolique Clarence, qui jouait si mélancoliquement les rôles mélancoliques, l'*Andrea del Sarte* d'Alfred de Musset, le *Raphael* de Méry, l'*Henri* de l'*Angèle* de Dumas, l'*Ivan* de je ne sais plus quelle pièce à fourrure et en vers du théâtre de l'Odéon; puis Verner, le traître de l'Ambigu, aujourd'hui directeur d'une troupe de province; puis Castellano, le jeune premier du même théâtre; Laurent, le comique; Leriche, le père noble du Palais-Royal; Arsène, le régisseur du Théâtre-Lyrique; Augustin, aujourd'hui mort, et de son vivant comique du Palais-Royal et auteur de plusieurs vaudevilles joués au *théâtre de la Cité;* puis Rhôzévil, du Gymnase ; Gil-Pérez, du Palais-Royal ; Alcide Tousez ; Julien Deschamps ; Lafontaine, jeune premier élégant du Gymnase, puis du Théâtre-Français, puis aujourd'hui du Vaudeville ; et enfin Tisserand, le comédien remarquable de l'Odéon, l'artiste de talent qui compte ses succès par ses créations, et à qui la foule prouve chaque soir ses sympathies...

Elles y sont venues aussi, toutes ces Célimènes, toutes ces Martons, toutes ces Zerbines, toutes ces Toinettes, toutes ces ingénues, toutes ces soubrettes, toutes ces amoureuses, lis mélancoliques ou pivoines insolentes, — fleurs charmantes que la vie errante avait un peu décolorées et étiolées !... Nous les avons vues là, — groupes babillards et fredonneurs, — assises sur les bancs chancelants, devant les tables vermoulues des tonnelles du cabaret des *Vrais Amis.*

Ah ! ces tonnelles sont chères à plusieurs ! Et quelques-unes de celles qui sont aujourd'hui de grandes dames ou de grandes comédiennes auraient bien dû se cotiser pour acheter ce jardin grand comme la main, — grand comme leur cœur ! — afin d'y voir pousser et reverdir, dans leur automne, les joyeux et tendres souvenirs de leurs printemps...

Mais les femmes sont oublieuses, — les comédiennes surtout ! Elles ont tant de rôles à apprendre qu'elles ne savent plus le lendemain celui qu'elles ont joué la veille!...

Ah! Zéphirine! souvenez-vous de ce grand jeune homme blond, maigre comme un clou,— mais comme un clou auquel vous n'avez jamais voulu vous accrocher, charmant pastel de Latour!... Souvenez-vous de ce grand enfant de vingt ans qui baisait si dévotement vos blanches mains, vos blanches épaules, votre brune chevelure, — aux fauves anneaux de laquelle son cœur s'enlaçait avec ses doigts, — le pan de votre robe rayée, le ruban bleu que vous aviez porté pendant le jour, la dentelle que vous aviez chiffonnée pendant la nuit, la fleur que vous aviez respirée, le livre que vous aviez lu!... Souvenez-vous, infidèle Zéphirine, du trop fidèle fils de M. Ducantal, — ce père si terrible et si enrhumé!...

Il vous aimait comme tous les amoureux aiment leur première maîtresse. Il vous aimait à en perdre le sommeil, l'appétit, la santé, la raison et l'esprit,— toutes choses qu'il avait avant de vous connaître, et qu'il n'a pas entièrement retrouvées depuis. Il vous aimait follement, et bêtement parce qu'il était jeune, — rien que jeune! — et que vous étiez, vous, jeune et belle.

Oui, parmi toutes ces futures princesses de la rampe, — soubrettes ou grandes dames, — vous étiez la plus jeune et la plus belle! Vous rayonniez entre toutes comme la lune parmi les astres inférieurs —

velut inter ignes luna minores. Car elles étaient, pour la plupart, blondes, rousses ou châtaines : vous seule étiez brune comme la passion, brune comme les ténèbres, brune comme la tristesse... Elles avaient toutes passé la vingtième année, — pas de beaucoup, mais elles l'avaient passée ! Vous seule étiez encore dans ce que les Anglais appellent le *teens*, — l'âge adorable où le cœur entre en efflorescence, comme un jardin au mois d'avril...

J'ai beau vous voir à distance, — à travers la brume des souvenirs, — je ne me trompe pas sur votre compte, allez !... Je vous vois telle que vous étiez, — et tel aussi que j'étais.

D'ailleurs, tous les amoureux trouvent leur maîtresse jolie. Ils la préfèrent à toutes les autres femmes de la terre, — fût-elle laide comme la Kaïfakatadary des *Mille et une Nuits* !... Et ils ont bien raison. Aucun homme, jusqu'à trente ans, ne doit s'apercevoir qu'il existe une femme laide.

Mais il paraît que vous étiez décidément belle, puisque d'autres que moi vous l'ont dit, — d'autres qui n'avaient plus trente ans depuis longtemps !...

Eh ! pardieu ! vous la connaissez bien, vous, et puis vous encore ! Car, la pauvre chère fille ! elle est maintenant *mariée avec le public*, — comme l'a dit de lui-même, en riant, un humoriste allemand.

La cruelle et chère enfant ! je l'aurais pourtant suivie au bout du monde, — si le monde avait eu un bout, si j'avais eu un peu de la monnaie des millions de M. Rothschild, et si elle avait eu un peu, elle-même, la monnaie du cœur millionnaire de sainte Thérèse, qui aurait pu dire de Maria ce qu'elle disait du diable : « La malheureuse ! elle ne sait pas aimer !... »

Mais non, — rien ! Pour moi, du moins, et aussi pour quelques autres. Car, si j'y ai perdu un peu de ma cervelle, — dans cette folle aventure de ma jeunesse, — d'autres ont commis l'irréparable faute de se la brûler tout entière, avec des pistolets de tir...

Mais, après tout, peut-être suis-je trop exigeant. On ne peut pas, on ne doit pas demander aux gens plus qu'ils ou *qu'elles* ne peuvent donner. Les femmes ne sont pas parfaites, — fort heureusement. Il n'y a que Dieu de parfait, — et encore ! comme dit Voltaire, — et encore !...

Décidément, madame de Staël avait raison : « Il n'y a dans la vie que des commencements. »

C'est pour cela que parfois j'ai hâte de finir ma vie, — afin de pouvoir la recommencer...

LES CHASSEURS DE CHEVELURES

SIMPLE AVERTISSEMENT

Rien du capitaine Mayne-Reid !

MONTÉE EN MATIÈRE

Deux allées parallèles, étroites, fangeuses et obscures, partent de la rue de Valois et sont réunies à leurs extrémités par un couloir également obscur, fangeux et étroit; du milieu de ce couloir, qui longe l'égout de la rue Neuve-des-Bons-Enfants, monte un escalier droit qui aboutit également au milieu d'un couloir supérieur, des deux bouts duquel partent deux autres allées aussi étroites, aussi fangeuses, aussi obscures que les allées inférieures, et qui débouchent en retour sur ladite rue Neuve-des-Bons-Enfants. Au centre de ces deux parallélogrammes superposés s'élève un escalier en spirale, immense, ténébreux, infini, et qui, les pieds dans la boue, ne s'arrête que là où la misère elle-même ne pourrait plus monter. Bien des fois, en considérant cette fantastique construction, je me suis imaginé que la main de quelque magicien tout-puissant s'était plongée dans l'enfer du Dante, qui descend par neuf cercles jusqu'aux entrailles de la terre, et, le retournant de bas en haut, comme on ferait d'un bonnet de coton, avait élevé au-dessus du sol ce monument immonde et ces neuf étages.

ARRÊTONS-NOUS ICI (Musique connue.)

Quel *taquoir !* — comme disent MM. les typographes dans leur pittoresque argot ! — quel taquoir !

— Mais, Monsieur, — me dira quelque docteur chagrin, — cette description du passage Radzivil appartient à feu Soulié ! Mais, Monsieur, je l'ai déjà lue dans *Si jeunesse savait !*...

Je le sais, docteur, je le sais. Mais, je vous le demande, pourquoi me serais-je déguisé en menuisier pour refaire un escalier qui était tout fait, et bien fait, — quoique un peu lourd ? Ne savez-vous pas, à votre tour, ce que disait feu Poquelin de Molière à propos du *Pédant joué*, de feu Cyrano de Bergerac ?

Comme Molière, je prends mon escalier où je le trouve.

SUIVEZ-MOI! (autre musique connue)

Cet *ut* de poitrine — écueil de Duprez — n'e[st] pas précisément obligatoire pour gravir l'escalie[r] fantastique du passage Radzivil : il suffit qu'on ait de la poitrine. Cette ascension est interdite aux asthmatiques, par exemple.

J'ai écrit à dessein *suivez-moi*, parce que, si, au lieu de me suivre, — de m'emboîter exactement le pas dès la première marche du « bonnet de coton » en question, — vous vous avisiez de me fausser compagnie et de monter à votre guise, il arriverait ceci : nous monterions ensemble, vous sur ma tête, moi sous vos pieds, sans pouvoir jamais nous rencontrer, — ainsi qu'il arrive pour les asymptotes. Au début, l'escalier est simple comme bonjour ; deux marches de plus, et il se dédouble comme une boîte de Robert-Houdin. C'est là son côté fantastique.

Suivez-moi donc sur l'air de *Guillaume Tell*, ou sur tout autre air que vous voudrez, — pourvu que vous ne me marchiez pas sur la tête.

Voilà un étage de franchi, puis un second étage, puis un troisième, puis un quatrième, puis un cinquième... Ouf! je plains de tout mon cœur les asthmatiques : ils ne pourront jamais monter au ciel.

Nous sommes sur un palier, devant une porte. Attention ! nous allons entrer chez

4

L'IMPLANTEUR

Implanteur de qui? implanteur de quoi?

Jusqu'à présent je n'avais connu qu'une acception au verbe *implanter*,—une acception figurée. Ainsi, on disait *implanter* pour *semer*, et *semer* pour *implanter*, — selon les besoins du style ou de la conversation. *Implanter des idées, implanter une mode, implanter une expression…*

Ah! je viens précisément de placer l'index dessus: on a implanté une expression, et cette expression c'est — *implanter*, au propre.

On implante aujourd'hui des cheveux comme on implante des choux, on implante des choux comme on implante des cheveux…

Mais, — me direz-vous, — que viennent faire ces cheveux sur ces choux?

Ma réponse est simple, peu coûteuse et facile à suivre en voyage. Elle fera, si vous le permettez, l'objet des paragraphes suivants.

DE L'ALOPÉCIE ET DE LA CALVITIE

Rassurez-vous! Je vais essayer « d'égayer les choses tristes par les enjouées », — suivant la recommandation de Montaigne.

Les cheveux sont un préjugé. Saint Paul était che

velu, mais Saint Pierre était chauve, — et, en cela, saint Pierre était dans le vrai. Si le bon Dieu avait voulu que les hommes portassent des cheveux toute leur vie, il se serait arrangé de façon à ce qu'ils ne tombassent point. Ils tombent : donc il n'est pas dans leur destinée de séjourner sur le sinciput humain ; donc les cheveux sont un préjugé — difficile à entretenir dans un état constant de propreté.

Mais il y a des gens remplis de préjugés, précisément parce qu'ils ne sont pas remplis de cheveux. C'est pour ces gens-là, respectables d'ailleurs, qu'ont été inventées les *vitaline Steck*, les *eau-de-Lob*, et autres eaux merveilleuses (rien de Grisar).

Je ne veux pas dire de mal de ces philocomes liquides ou solides, — de peur de mal. Je me contenterai de constater que, malgré les prodiges de la chimie moderne, il y a infiniment de personnes affligées d'alopécie et de calvitie ; lesquelles personnes, pour repeupler leur désert osseux et donner des frères aux bouquets de cheveux rabougris qui sont restés çà et là comme autant de protestations, s'adressent ordinairement à l'implanteur.

L'implanteur ! personnage mystérieux et providentiel !

Mais, jusqu'ici du moins, il m'avait semblé que pour faire un civet il fallait un lièvre, ou un lapin, ou un chat. Dans quelle garenne, dans quel clapier, sur quel toit, l'implanteur prend-il les cheveux destinés à faire les civets ou les gibelottes qu'on lui demande? Car enfin, tout en le supposant dévoué à l'humanité chauve, je me refuse à croire qu'il imite le pélican « qui nourrit ses enfants avec son propre sang », — c'est-à-dire qu'il garnisse avec ses propres cheveux les crânes de ses concitoyens et les tempes de ses concitoyennes. Absalon lui-même, — qui possédait la forêt de Dodone sur la tête, — eût à peine suffi à repeupler, de son propre chef, les chefs dévastés de dix ou douze de ses amis.

Je sais bien qu'il n'y a pas qu'un implanteur à Paris. Mais, en admettant même qu'il y en ait dix, — et c'est tout, — comment voulez-vous qu'ils suffisent personnellement aux demandes qui leur sont adressées de quatre points cardinaux de Paris et de la banlieue, voire même de la France?

C'est ici que commence le rôle des

CHASSEURS DE CHEVELURES

Ce sont de très honnêtes bourgeois, pour la plupart. Pas de rifles, pas de revolvers, pas de poignards, — pas le moindre attirail farouche. Ils sont taillés sur le patron du chasseur de *Robin des Bois* :

> Chasseur diligent,
> Quelle ardeur te dévore?
> Tu pars dès l'aurore,
> Toujours content...

L'ardeur qui dévore les chasseurs de chevelures, c'est l'*auri sacra fames.* Rien de plus légal et de mieux porté que cette *fièvre jaune*-là! Il faut bien vivre! mon Dieu, il faut bien vivre!

Où vont-ils chasser, ces chasseurs étranges?

« *Kennst du das Land wo die citronem bluhen?*...» (Connaissez-vous ce pays où fleurissent les citronniers, — ce pays où, dans leur sombre feuillage, mûrissent les oranges dorées?...) Le connaissez-vous, ce pays que regrettait Mignon? Oui. Eh bien! ce n'est pas dans ce pays-là que vont les chasseurs de chevelures, — quoique les chevelures y fleurissent aussi dorées que les oranges.

Ils vont ailleurs, en Angleterre, en Écosse, en Irlande, en Auvergne, — en Bretagne surtout. J'en ai rencontré à Douarnenez, à Landivisiau, à Quimperlé; je les ai vus là dans l'exercice de leurs fonctions, — et je vous jure que ça n'a pas été un des moindres étonnements de mon voyage.

Ils choisissent l'époque des foires, des fêtes, des *louées*. Ils arrivent, eux, leurs sacs et leurs ciseaux. On les connaît, on les entoure. Le bourreau choisit: la victime s'approche, le sourire aux lèvres, le corsage rebondissant, le teint fleuri comme un printemps. Quel dommage de toucher à ces beaux cheveux, blonds comme les blés au mois d'août, longs et étoffés comme un vêtement!... Il y touche pourtant, le bourreau! Il prend de la main gauche l'opulente chevelure, de sa main droite il tient une longue paire de ciseaux... Cric! crac! L'acier crie, grince, mord, taille dans cette soyeuse forêt, — et tout est dit : la coupe sombre est faite! les cheveux sont dans le sac!

Autrefois, — si j'ai bon souvenir de mes lectures païennes, — les jeunes filles sacrifiaient leur chevelure sur l'autel de Vénus ou de Vesta. Et leur chevelure allait quelquefois au ciel comme celle de Bérénice, femme de Ptolémée-Évergète. Aujourd'hui, elles la sacrifient sur l'autel de la propreté et de l'indifférence... On n'a pas le temps de soigner ses cheveux à la campagne, — et les béguins n'ont pas été inventés pour les chiens.... A bas les cheveux! D'ailleurs, comme le dit l'illustre Bilboquet, il s'agit de *cinquinte* centimes, — c'est-à-dire d'un fichu, d'un madras, d'une ceinture, d'un attifet quelconque donné, en échange des cheveux, par le chasseur de chevelures.

Quant aux Bretons...

Il y a quelque part, dans un coin du monde, des o-jib-be-was, des pawnies, des Indiens, des sauvages en un mot, qui, lorsque leurs femmes sont prises par les douleurs de l'enfantement, les renvoient du lit et s'y couchent à leur place pendant tout le temps que durent les douleurs.

Les Bretons portent leurs cheveux excessivement longs, comme ceux des *capillati* de Cybèle : ils sont la coquetterie des Bretonnes, les maris sont la parure des femmes...

Maintenant, peut-être êtes-vous désireux de savoir

CE QUE DEVIENNENT CES CHEVELURES

Quand le sac du chasseur de chevelures est plein, il l'expédie à Paris. A Paris, on met le contenu du sac dans une cuve quelconque, avec force potasse et force autre chose, on le fait bouillir et rebouillir, et quand les chevelures sont cuites à point, on les confie à ce cuisinier nommé *implanteur*, qui se charge de les accommoder au goût des consommateurs...

L'implanteur n'est pas un homme vulgaire : c'est un artiste — capillaire. Il a le secret de bien des têtes couronnées — de sa main ! Femmes du petit et du grand monde, romanciers et pairs de France, notaires et marchands de bois, toute l'humanité chauve a recours à lui, — et il ne renvoie personne mécontent. Il sème des cheveux blonds, bruns ou châtains, sur les genoux crâniens de ses contemporains, et il lui pousse des billets de banque dans son portefeuille. Bon métier !

MORALITÉ

Une fois, cependant, une demoiselle de Bréda-Street, à qui un implanteur avait vendu un appendice indispensable, — la plus belle chevelure blonde de Paris, peut-être ! — vint, furieuse, trouver cet artiste. La veille, à un déjeuner de garçons, elle s'était décoiffée, pour feair un effet de *queue*, — et on avait ri... Voulant savoir pourquoi, elle s'était regardée dans une glace, sans en avoir l'air, et elle s'était alors aperçu que l'appendice blond qu'elle avait acheté à l'implanteur — pour faire suite à ses cheveux également blonds — était devenu subitement rouge...

« Pourquoi *ses* cheveux avaient-ils ainsi rougi ? » Voilà ce qu'elle demandait avec colère à l'implanteur, — qui ne savait que répondre.

Hélas ! Madame, ces cheveux-là avaient sans doute appartenu à une honnête jeune fille, — et ils avaient rougi d'être sur la tête d'une fille... qui n'était plus que jeune.

LES PEAUX-ROUGES

I

Nous étions assis, lui et moi, un soir de la semaine dernière, devant un feu à rôtir un chapelet d'oies de Noël, et nous contemplions mélancoliquement le bout de nos pieds qui s'allongeaient frileusement sur les chenets à tête de sphinx, — comme on en voit dans certains hôtels garnis.

Moi, c'était moi, — bien entendu. Lui, c'était, — c'est encore, — un de mes excellents amis d'outre-Rhin, un ancien *brandfuchs* de l'Université de Bonn, qui vient religieusement à Paris tous les ans pour emporter un peu de notre littérature et de nos arts après la semelle de ses souliers de voyage.

Otto allait repartir, — cette soirée était la soirée de l'étrier : c'est pour cela que nous étions tous les deux silencieux et rêveurs... Les départs sont — décidément — une mauvaise invention ! Je comprends qu'on revienne de quelque part et qu'on arrive d'ailleurs ; mais que l'on parte, — même pour Versailles ou pour Saint-Germain, — voilà ce que j'ai quelque peine à accepter. La Musette d'Henry Murger est une bien jolie fille, et je l'aurais bien volontiers aimée si elle n'avait pas passé sa vie à *aller et venir*...

Je me levai brusquement.

— Adieu, Otto! dis-je au descendant des Chérusques, en allant lui serrer la main. Adieu Otto!... Retournez là-bas; mariez-vous-y avec une brave et belle fille comme on en voit dans les illustrations de Ludwig Richter; ayez beaucoup d'enfants qui vous ressemblent (bien qu'il ne soit pas très honnête de faire un souhait pareil à ses amis!...) et vivez l'un et l'autre en proie à toutes les béatitudes du *gemüthlichkeit*, dans le coin le plus vert de votre blonde Allemagne, à l'abri des journaux à un sou, des filles de marbre, de la haine et des tragédies!... Adieu!...

Otto me retint.

— Il pleut, me dit-il tranquillement, quoiqu'au fond il fut aussi ému que moi. — Il pleut... D'ailleurs, je ne partirai pas aujourd'hui, ni demain... Vous m'avez dit ce matin une chose qui a fait un grand fracas dans ma cervelle, et sous l'obsession de laquelle je me trouve encore en ce moment.

— Et... quelle chose donc, mon pauvre Otto?...

— Que je ne connais pas Paris!...

— Je vous ai dit cela?...

— Ce matin, — oui, vous me l'avez dit, et d'une certaine façon....

— Alors, c'est que je le pensais... Au fait, c'est vrai! Vous ne connaissez pas du tout Paris, mon cher Otto, — quoique vous ayez l'obligeance d'y venir dépenser chaque année quelques semaines et beaucoup de florins... Voyons! que connaissez-vous de la grande ville, « œil de ce cyclope qu'on appelle le monde », — suivant l'expression de Victor Hugo? Que connaissez-vous de cet œil étrange? Son azur, — ses longs cils, — son sourire, — ses larmes de bonheur, — ses charmantes hypocrisies, — ses adorables câlineries, — c'est-à-dire l'Opéra, les Champs-Elysées, les Boulevards, les coulisses des Folies-Dramatiques, — et les Dames aux Camélias...

— C'est vrai! je n'ai pas encore vu autre chose à Paris... Il me semblait qu'il n'y avait pas autre chose à y voir!... Mais, depuis ce matin, j'ai peur de n'avoir rien vu encore... et cela m'effraye! parce qu'alors, à un mois par année que je consacre à ces voyages à travers votre capitale, j'en ai encore pour vingt-cinq ans avant de la connaître à fond...

— A fond?... Quelle naïve outrecuidance, cher Otto! J'y suis né, moi, à Paris, et je n'en connais bien qu'un quartier ou deux, — et encore!

— Dites-vous vrai?...

— Je dis vrai... Et c'est pour cela qu'il faut que vous partiez, — non pas demain, mais ce soir, puisque vos malles sont faites et que nous nous sommes embrassés!... Oui, Otto, partez! partez vite, sans regarder derrière vous, sous peine de voir s'enfuir votre Eurydice, — c'est-à-dire votre tranquillité de cœur et d'esprit...

— Je devine, mon ami ! La médaille brillante que j'ai admirée tant de fois a un horrible revers ? Le manteau de pourpre de cette reine des cités est doublé de haillons infects ?... Il y a un enfer, n'est-ce pas, derrière le paradis dans lequel je me suis jusqu'ici promené ?...

— Vous avez deviné, en effet, cher Otto... Vous comprenez alors combien votre curiosité satisfaite vous laisserait de désenchantement. Paris, voyez-vous, ressemble à ces beaux fruits du lac Asphaltite, si appétissants au dehors, et qui ne sont au dedans que des cendres... Ne mordez pas trop avant dans ces fruits-là, cher Otto, — de peur de vous y briser les dents et le cœur !...

— Mon ami, dit Otto en m'interrompant de sa voix douce comme celle d'un enfant, la pluie acessé, nous pouvons sortir... Où voulez-vous me conduire ?...

— Chez les Peaux-Rouges, alors ! A la place Maubert !...

II

La place Maubert est peut-être, en effet, le seul lieu de Paris qui ait conservé sa physionomie d'autrefois. A dix pas de là, Paris s'habille de moëllon neuf et de plâtre frais des pieds à la tête : — la place Maubert seule affiche cyniquement des haillons ! Ce n'est pas une place, — c'est une large tache de boue; à ce point même que les lèvres se salissent à prononcer ce nom du treizième siècle, — non parce qu'il est vieux, mais parce qu'il exhale avec lui une odeur de bourbier et de barbarie qui choque notre odorat et notre esprit de civilisés !

Elle est comme une tradition vivante du Paris du moyen âge. En clignant un peu les yeux et les oreilles, on croit voir et entendre encore sa population du temps d'Isabeau de Bavière et de Louis XI ! A travers le brouillard malsain des matinées de novembre, on coudoie tous ces types étranges et sinistres de mercelots et de sabouleux, — de matrones et de bohémiennes, — d'argotiers et de francs-mitous, — de truands et de filles de joie, — gens de sac et de corde destinés à mourir longitudinalement comme des philosophes de la borne, et non horizontalement comme d'honnêtes pratiquants du comptoir !... Et le soir, malgré l'invasion du gaz, toutes ces boutiques de liquoristes, tous ces *débits de consolation* (le mot est sur l'enseigne !), tous ces refuges des énergies en défaillance, — des vertus sombrées, — des vices en fleur, — des crimes en fruit, — rappellent les tavernes illustres, les rôtisseries célèbres, les cabarets glorieux, où s'en allaient boire et tapager, par exemple, maître François Villon le poëte, et Jehan Cotard, Fremin et Michault

Culdone, — ses *compaings de galles!*... Puis, après les pipeurs, les pipeuses! Après les batteurs d'estrade, les batteuses de pavés! Après les zingaris, les gipsies! Après les drôles, les drôlesses! Et Manon la blonde et Manette la brune, Louise la maigre et Zoé la grasse, valent bien Marion l'idole, Blanche la savetière, la petite Macée et la grande Isabeau, Guillemette la rose et Maschecroue la rousse! Vieux gueux et jeunes gueuses! Belles gouges et vieilles lourpidons!... Cauchemar d'hier et cauchemar d'aujourd'hui!...

Race prolifique et tenace. On a voulu la détruire et même la civiliser, — comme dirait M. Joseph Prudhomme, — rien n'y a fait! Rien, ni le canon, ni la peste, ni la famine, ni la misère, ni la débauche, — ni l'école mutuelle!... On est gueux de père en fils dans ces quartiers-là; on y a une noblesse qui remonte, — non pas aux Croisades, — mais à Clopin-Trouillefou; seigneur de la Haute et Basse-Bohême du moyen âge... Et même ils ne savent pas d'où ils viennent, — ces sauvages de la civilisation, ces Peaux-Rouges du Paris moderne, qui sont comme les scories de la grande capitale en ébullition de progrès... Ils ne savent pas d'où ils viennent, pas plus que les petits des vipères, qui ne connaissent ni leurs pères ni leurs mères, — les premiers étant tués par les secondes dans l'accomplissement de leurs devoirs conjugaux, et les secondes étant tuées par elles-mêmes dans l'accomplissement de leurs devoirs maternels...

J'ai écrit le mot et je ne le bifferai pas. Ces gens-là sont les Peaux-Rouges de Paris, — avec cette différence, toutefois, qu'ils n'ont pas, comme les sauvages de l'Amérique du Nord, la ressource suprême de croire au Manitou et aux grands territoires de chasse après la mort, et que, pendant leur vie, ils n'ont jamais devant les yeux, comme les premiers, d'immenses prairies de cyclamens en fleurs!... Ils ne connaissent de la vie que les maisons noires de la rue de Bièvre et de la rue de la Montagne-Sainte-Geneviève. Ils sont un peu comme madame de Staël, qui préférait son ruisseau de la rue du Bac au splendide lac de Genève... Ils préfèrent la boue de leurs ruisseaux de la place Maubert, — sorte de lac Stymphale qui attend la venue de l'Hercule de l'édilité, — ils préfèrent cette boue infecte aux allées ensoleillées et verdoyantes des Champs-Elysées.

Nous sommes entrés, — Otto et moi, — sous leurs *wigs-wams*, à ces sauvages de Paris! Nous avons fumé avec eux le *calumet* de paix! Nous avons bu *l'eau de feu* avec leurs horribles *squaws*, — et nous sommes sortis tout mélancolisés... Décidément j'aime mieux les Peaux-Rouges des montagnes Rocheuses, et, — au risque d'être un peu scalpé, — j'irai probablement un de ces jours sur les bords du lac Ontario à la recherche de mon vieil ami Nathaniel Bumppo, le Bas-de-Cuir que vous connaissez, l'honnête et héroïque trappeur du roman de Cooper!...

Car j'ai une horreur profonde de cette population cynique et malsaine, turbulente et cruelle, qui grouille dans ce noir Delta de la rive gauche, — ce Delta sinistre qui va de l'Hôtel-Dieu, la souffrance! à la barrière Saint-Jacques, le châtiment! et de ces gémonies à l'hôtel de la Salpêtrière, — puis à la Morgue...

Quelle population!... C'est la plus misérable de Paris. Population de marchands à l'éventaire, de joueurs d'orgue, de saltimbanques, de raccommodeurs de faïence, de chiffonniers; de mendiants, d'ivrognes et de débauchés... Gibier d'hôpital, de prison et de guillotine!...

Si vous en doutez, allez voir vous-mêmes!... Allez crotter vos bottes et tacher votre esprit dans ces rues du moyen âge qui s'appellent les rues de Bièvre, de Versailles, d'Arras, Galande, des Lavandières, de la Bucherie, Traversine, Clopin, Clovis, Saint-Nicolas-du-Chardonnet, des Carmes, Saint-Hilaire, Charretière, Jean-de-Beauvais, Saint-Jean-de-Latran, du Fouarre, des Noyers, Fromentel, des Sept-Voies, etc., etc...

Quand vous les aurez vues et parcourues dans tous leurs méandres bourbeux et malsains, quand vous aurer coudoyé les hardes abjectes et les guenilles cyniques de leurs habitants, vous vous enfuirez, — pâli par la fatigue, assombri par la tristesse, — et l'on dira de vous ce qu'on disait de Dante Alighieri, le vieux gibelin :

« Voilà, voilà celui qui revient de l'Enfer. »

III

— En avez-vous assez, Otto? Cette place Maubert vous est-elle suffisamment odieuse?... Comprenez-vous bien pourquoi je vous parle si souvent de mon horreur, — peu chrétienne j'en conviens, — pour la foule aux rugissements sauvages, la foule aveugle et stupide, ignorante et féroce, — la *bellua multorum capitum* d'Horace? Vous savez, n'est-ce pas? — vous qui connaissez notre histoire de France mieux que nous ne connaissons l'histoire d'Allemagne, — vous savez que c'est sur cette place Maubert qu'ont été pendus, étranglés et brûlés, un tas de braves gens dont les noms seraient comme autant de reproches sanglants, — Estienne Dolet, entre autres! Estienne Dolet, un poëte, au gibet! Estienne Dolet, un savant, au bûcher!... Et la foule de danser des farandoles superbes et d'allumer de gigantesques feux de joie autour de ces gibets et de ces bûchers!... O la *bellua centiceps*, mon ami! la *bellua centiceps*!... En avez-vous assez, Otto, dites?... Si vous n'en avez pas assez, mon doux ami, achetez chez un bouquiniste le livre de Regnier de la Planche, intitulé : *Histoire de l'estat de la France, tant de la république que de la religion, sous le règne de François II*, édition de 1576;

vous trouverez là-dedans, — à la page 385 et aux suivantes, — un récit éloquent d'une abomination populaire où la place Maubert joue encore ce triste rôle...

— J'ai assez de vos horribles histoires, mon ami, et je n'achèterai pas le livre de Regnier de la Planche... Mais vous calomniez un peu cette place Maubert et sa population! Vous qui êtes amoureux des choses excentriques et des « sublimes horreurs », — comme dit quelque part un de vos écrivains modernes, — vous qui cherchez avidement les extravagances et les étrangetés pour en faire votre profit et votre prétexte à rêverie, pourquoi dites-vous ce mal de la place Maubert?... Si elle n'était que laide, je la haïrais; mais elle est pittoresque, — et cela me séduit!... Il y a là des choses à la Rembrandt et à la Callot!... Ces misérables cyniques, haillonneux, hâves et exténués qui

« . . . . mendient tous nudz
Et pain ne voyent qu'aux fenestres, »

selon la mélancolique expression d'un de vos poëtes, François Villon, qui mourut de faim; — tous ces porte-loques sont des types intéressants, mon ami!... Ces ivrognes qui nous coudoient et qui nous ont injuriés tout à l'heure ne ressemblent pas aux ivrognes joyeux que l'on voit accoudés et *humant si plantureusement le piot* dans les toiles de Teniers, d'Ostade, de Brauwer et de Heemskerk le vieux.... Ce sont des buveurs à part. Ils ne boivent pas, — ils s'enivrent ! Ce n'est pas du vin qu'ils avalent là, — c'est une horrible eau-de-vie qui m'a brûlé les entrailles tout à l'heure lorsque j'y ai goûté si imprudemment... Et les femmes ! Des femmes ! O mon ami, est-ce bien là le nom qu'il convient de leur donner, à ces créatures si étrangement accoutrées ?...

— Ne les regardez pas, cher Otto : elles vous rappelleraient trop le quatrième acte de Macbeth... Ce sont des stryges, des goules, des lamies, des larves, des spectres, des sorcières, mais ce ne sont pas des femmes... Elles aussi, — elles surtout ! — boivent cette horrible eau-de-vie, qu'on appelle si bien et si énergiquement l'*eau de mort !* Elles la boivent d'une façon désespérée ; ce sont des naufragées, des épaves de la société, — que ces femmes-là... Ne vous baissez pas pour les ramasser, Otto : elles vous récompenseraient par un blasphème... Et puisque de deux maux il faut choisir le moindre, — regardez plutôt passer ces jolies filles de quinze ans, d'une beauté si irritante et d'une santé si provoquante ! Elles sont charmantes, certes ! et le diable sait bien ce qu'il a fait en les faisant, — car ce sont ces filles, mon cher Otto... Mais ne les laissez pas parler ! Fermez-leur la bouche avec un baiser. Elles ont des lèvres rouges et appétissantes, — des lèvres sensuelles, — mais qu'il ne faut pas déclore sous peine d'en voir sortir un tas de crapauds et d'animaux immondes, comme de la bouche de cette princesse d'un conte de fées... Ce sont des fleurs superbes et insolentes de beauté, mais elles sont nées sur le fumier, — et elles le sentent !...

— A qui appartiennent-elles, ces belles filles affreuses, mon ami ?

— Ah ! Otto, vous êtes indiscret avec vos questions... Est-ce que je sais cela, moi ?...

— Pourtant, tout à l'heure, vous vous êtes arrêté pendant un quart d'heure devant cette belle fille brune, — si fièrement campée sur sa hanche, — et qui portait devant elle un éventaire garni de bouquets de violettes !... Vous avez ri ensemble, même !...

— Ah ! Manette la brune ? la sœur de Manon la blonde ?... Mais, mon ami, je joue avec le feu sans me brûler, — comme un enfant plein d'expérience que je suis ! Voilà tout...

— Mais encore ?...

— Encore une fois, mon cher Otto, vous êtes indiscret !... Si vous revenez dans un an ou deux, vous rencontrerez peut-être Manette et Manon dans une toilette adorable, — au bois de Boulogne où à l'Opéra, — ayant déjà eu de tuées sous elles trois ou quatre fortunes de fils de famille... Elles ne sont encore aujourd'hui qu'à l'état de chrysalides, mais dans un an, — oh ! dans un an, — elles seront tout ce qu'il y a de plus papillons, et, comme tous les papillons de cette espèce, elles finiront par se brûler les ailes à la flamme de l'amour et du hasard... Allez les voir dans un an d'ici... mais ne vous occupez plus d'elles dans trois ou quatre ans... Leurs évolutions capricieuses ont toutes un aboutissement prévu...

— Et cet aboutissement?...

— Encore?... Vous êtes incorrigible, mon doux Allemand ! Puisque vous avez lu notre poëte François Villon, je vous répondrai par le refrain d'une de ses ballades, — le refrain mélancolique d'une ballade charmante :

« Mais où sont les neiges d'antan !... »

ENVOI.

Vous pourrez revenir à Paris, mon cher Otto, avec votre blonde Gretchen, quand vous aurez fini de murmurer l'un et l'autre, — comme la Gretchen de Gœthe, en effeuillant une pâquerette :

Er liebt mich,
Er liebt mich nicht...

Le lendemain de votre départ, — c'est-à-dire mardi dernier, — j'ai lu dans un grand journal de Paris une nouvelle qui va vous rendre bien heureux. Un boulevard va être planté sur l'emplacement de la place Maubert, qui va naturellement disparaître. Je ne vous en dis pas plus long, par une excellente raison, — c'est que je n'en sais pas plus long !... Mais c'est déjà beaucoup, n'est-ce pas, que de vous apprendre cela ?

Adieu, cher Otto. Mariez-vous vite avec votre blonde Gretchen, soyez heureux, oubliez-moi, — et surtout (tout bien réfléchi !...) ayez le moins d'enfants possible...

CE QUE DEVIENT

LA PLUS NOBLE CONQUÊTE DE L'HOMME

I

La mise en scène de la nature diffère beaucoup de celle de MM. Saint-Ernest, Tisserant, Colleuille — et autres metteurs en scène des théâtres parisiens. M. Saint-Ernest, par exemple, se garderait bien de placer un décor gai dans un acte triste, et encore moins un décor triste dans un acte gai. Ici doit se passer quelque chose de bien horrible, — *horrid thing!* — comme le premier acte de *Robert-le-Diable*, ou le quatrième acte des *Huguenots*, ou le cinquième acte de *Lucrèce Borgia* : il faut que le spectateur s'en doute dès le lever du rideau, et qu'il frissonne de confiance avec le décor. *Tremolo* sur toute la ligne!.... Ici, au contraire, se passeront des scènes grivoises, joyeuses et vinicoles : vite des pampres, des tonnelles, du bleu dans le ciel, du bleu dans les verres, du bleu partout. *Allegro* général !

Eh bien ! à tort ou à raison, la nature procède d'une tout autre façon : — la preuve, c'est qu'il n'y a rien de plus gai que les cimetières. Plus qu'ailleurs les arbres y sont verts, les oiseaux y sont ramageurs, le soleil y est lumineux, les fleurs y sont joyeuses, et les papillons folâtres, — sans compter les épitaphes, qui ne contribuent pas peu à la gaieté générale.

La preuve aussi, c'est que la tuerie d'Aubervilliers ressemble à une oasis dans ce désert qui s'appelle la plaine Saint-Denis !

II

C'était un jour de printemps. Les moulins de Montmartre avaient agité leurs grands bras et m'avaient fait signe de me dépêcher. — *Carpe diem !* m'avaient-ils crié dans leur langage expressif, ces élèves de l'abbé de l'Épée. — Et je m'étais empressé d'aller cueillir le jour dans la plaine immense qui se déroule entre la butte Saint-Chaumont et la butte Montmartre.

J'errabondais au hasard, et le hasard m'amena, au bout de deux heures de vaguerie, devant une grille qui s'ouvrit au *Sésame* que je portais sur moi. J'entrai dans une vaste cour silencieuse où l'herbe poussait, épaisse et drue, entre les pavés. Un chien frisé vint à moi, suivi d'un chat et d'un canard. Le canard poursuivait le chat, le chat poursuivait le chien ; un instant je craignis que le chien ne me poursuivît : il n'en fut rien.

C'était déjà étonnant de voir un chat vivre en bonne intelligence avec un chien, plus étonnant encore de voir un canard marcher de pair à compagnon avec un chat et avec un chien ; mais ce qui le devint davantage pour moi, ce fut de voir ce canard faisant ses ablutions accoutumées dans une cuvette large comme un chapeau. Un canard dans une cuvette ! Pourquoi pas dans un verre ?

Canard sous-entend toujours mare, à ce qu'il me semble. Les mares ont été inventées pour les canards, et les canards pour les mares. Les unes ne vont pas sans les autres. Ce sont deux hémistiches que la nature, dans son incomparable prévoyance, a destinés à vivre ensemble. On ne les comprend pas séparés : l'imagination et la logique s'y refusent... N'est-ce pas ?

Comme on me l'apprit, tous les matins, au lever du soleil, ce canard se réveillait, se secouait, battait des ailes pour se regaillardir, lançait des couacs de reconnaissance à l'auteur anonyme des Êtres et des Choses, et, cela fait, entrait résolûment dans sa cuvette pleine d'eau claire, préparée là à son intention. C'étaient alors des plongeons, des battements d'ailes, des gloussements de joie à n'en plus finir. Ce canard aimait sa cuvette d'eau propre, comme ses frères des campagnes aiment les mares bourbeuses. Heureux canard ! il coulait là les jours les plus fortunés, — sans se préoccuper un seul instant des olives et des navets auxquels sont le plus souvent fiancées les créatures de son espèce. Heureux canard ! il vivait là comme s'il eût été sur les bords du Nil, au temps où on le vénérait, sous forme d'ibis, comme un dieu, — concurremment avec les ognons.

Mais bientôt, malgré l'intérêt que je prenais aux ébats familiers de ce canard, de ce caniche et de cet angora, je dus les quitter pour voir autre chose, et, pour voir autre chose, j'allai droit à un hangar ouvert de tous côtés qui se trouvait dans une cour voisine.

III

Horrible ! horrible ! most horrible ! comme dit Hamlet — en anglais.

Je suppose que vous avez lu *La Charogne*, de Baudelaire, et je n'ai pas la prétention de refaire en simple prose ce qu'il a si monstrueusement réussi en alexandrins. Je me contenterai de vous dire qu'il y avait là une douzaine de ces sujets de vers, que quatre ou cinq ouvriers en chair morte étaient en train d'écorcher et de dépecer avec une tranquillité qui m'effraya...

Ces pauvres vieux ventres ballonnés avaient été

quelque chose avant d'être ce que Bossuet appelle, — à propos de nous ! — « un je ne sais quoi n'ayant de nom dans aucune langue ». Chacun de ces débris-là avait eu son histoire. Ce cheval bai, si maigre aujourd'hui, avait été inscrit au *Stud-book*; il avait couru à Berny, à Satory, à Chantilly ; il y avait gagné des paris; il avait eu des jockeys tués sur lui ; il avait posé pour M. Alfred de Dreux !... Ce cheval fleur-de-pêcher, aux jambes synoviées, ganglionées, avait traîné à travers Paris une impure célèbre, une croqueuse de pommes et de millions ; il avait eu des jours tissés d'or et de soie, comme les nuits de sa maîtresse ; il avait dormi, comme elle, dans de l'acajou ; il y avait eu des indigestions d'avoine, comme elle des indigestions de homard ; et tous deux étaient tombés en même temps de leur septième ciel, l'une à Saint-Lazare, l'autre au fiacre !... Cette jument arabe, « cette buveuse d'air », à la robe noire comme la nuit, avait foulé cent fois le désert du bout de son dédaigneux sabot, et les hasards de la guerre et de la vie l'avaient poussée de Mostaganem à Paris, du boulevard à Aubervilliers !... Et ce vaillant roussin, à la robe indécise, à la tête énorme, à la croupe charnue, au garrot presque nul, à la crinière abondante, il avait fait la joie et la fortune d'une respectable famille de porteurs d'eau : une fracture de rien du tout l'avait amené là ! Et cette pauvre haridelle alezane, comme elle ressemblait au *locatis* que j'avais pris à la porte du bois de Boulogne quand j'étais apprenti cavalier, et qui avait mis une si noble obstination à ne pas me conduire où je voulais aller!... Ah! si les chevaux voulaient parler, quels beaux mémoires on ferait!

Mais il y avait autre chose sous ce hangar. Il y avait là, les sabots dans le sang de ses camarades, attaché par une corde à un poteau, un vieux cheval blanc qui frissonnait de temps en temps, et, de temps en temps aussi, passait sa langue sur ses lèvres, comme le condamné à mort à qui la salive manque à mesure qu'approche « le moment ».

Bientôt, en effet, un des équarrisseurs vint, en fumant sa pipe, délier le vieux cheval blanc, qui hésita d'abord à le suivre.

— Hue donc! lui cria-t-il en le tirant sous le hangar.

IV

C'était le dernier « Hue! » que devait entendre ce pauvre vieux.

Son frisson devint plus fréquent, le mouvement de sa langue plus rapide. D'un coup de corde, l'équarrisseur le fit tomber sur ses genoux de devant. Quand il fut dans cette posture, qui permettait à son bourreau de le frapper plus à l'aise, il tourna lentement la tête, et mes yeux rencontrèrent *ses grands yeux tristes*, — comme dit le Romancero à propos de Babieça, le cheval du Cid. Cela me fit quelque chose...

L'homme donna un second coup de corde, pour ramener à lui la tête de ce pauvre vieux cheval de bataille qui n'avait pas eu la chance de tomber avec son premier maître, frappé comme lui d'une balle, et qui venait aboutir à ce dénoûment sinistre et nauséabond. Puis il leva son bras droit armé du nervoir et l'abaissa rapidement en poussant ce cri sourd que poussent les geindres qui pétrissent notre pain quotidien... Je vis rouge !

En ce moment, derrière le mur, sur la route, une voix de femme chantait, avec un accent toulousain très accusé :

>   M'en fus à la coudrée
>   Voir mon ami,
>   Ohi !

>   M'en fus à la saulée,
>   Ne le vis pas,
>   Oha !

>   Oha !
>   Aga ! dans la bornée
>   M'en fus aussi,
>   Ohi !

>   M'en fus dans la vallée,
>   Ne le vis pas
>   Oha !

L'air de cette chanson méridionale était charmant et d'une grande gaieté. Pourtant, je ne sais pourquoi, il me donna envie de pleurer...

V

Je me retirai.

Mais, comme je ne savais plus de quel côté j'étais entré, j'allai au hasard de mes pas, cherchant une issue. En longeant le hangar, je vis un trio de rats qui s'étaient invités à déjeuner autour d'un superbe fémur « garni ». Comme malgré moi je m'exclamais, un des équarrisseurs se mit à rire, et, prenant un bâton, il en frappa deux ou trois coups sur une carcasse encore aux trois quarts habillée : il en sortit des légions de rats, tous gras, dodus et ventripotents.

Qui eut peur, des rats ou de moi ? Je ne me le rappelle plus à cette heure. En tout cas, je me sauvai. Ce qui me mit des ailes aux talons, c'est qu'en soubresautant, je venais d'apercevoir, sous un autre hangar, sept ou huit chevaux vivants, mâchant à vide en attendant leur tour. Peut-être étaient-ils là depuis deux ou trois jours!

Enfin, je trouvai une issue. Cinq minutes après, j'étais sur la route, les pieds dans la poussière, mais non plus dans le sang.

Ce fut la première fois de ma vie que je trouvai la poussière agréable. Elle était blanche, elle m'aveuglait, elle me salissait même un peu, mais je le lui pardonnai. Cette poussière n'avait du moins rien à se reprocher.

VI

Vous n'êtes pas, je pense, sans avoir remarqué combien les émotions altèrent et mettent en appétit. Il y avait précisément en face de l'entrée de la tuerie d'Aubervilliers un petit cabaret bâti de travers et tout chancelant, — comme doit être une honnête maison d'ivrogne. J'hésitais cependant à entrer, malgré ma soif et ma faim ; une odeur de ragoût mêlée à un bruit de bouteilles m'attira, j'entrai.

Il faut être juste, — et non sévère, — dans la vie. Ce cabaret de rien du tout, où allaient MM. les équarrisseurs, vous faisait des ragoûts, — « des petits plats », comme disait M. Graft, — à rendre jaloux plus d'un cordon-bleu de Paris, et même de la banlieue. On m'y servit, entre autres choses, un filet aussi tendre que madame de Warens. On deviendrait hippophage à moins...

Je m'étais familiarisé. La journée était superbe. Je ne voyais en face de moi que l'entrée de l'abattoir, — où se tenaient gravement, campés l'un à côté de l'autre, le caniche, le canard et l'angora. Les arbres verdoyaient, et à l'horizon j'apercevais les moulins de Montmartre qui m'appelaient en faisant des gestes désordonnés, comme pour me prévenir qu'il y avait le feu chez moi. Je restai là de longues heures.

Quand je revins, il faisait nuit noire. Le jour étai cueilli !

LES HEURES NOCTURNES

I

J'ai eu pour ami, — à l'âge où les amis vous poussent avec la barbe, — un jeune poëte, qui passait la moitié de sa vie à ne rien faire et l'autre moitié à dormir. S'il avait eu une troisième moitié à sa disposition, il l'eût certainement passée à avoir envie de faire quelque chose, — comme tous les paresseux.

Il était jeune comme moi, pauvre comme moi, et, comme à moi, il lui arrivait souvent de ne pas trop savoir où il se lèverait le matin, ni, — après s'être levé le matin, — où il souperait le soir : deux soucis terribles qui feraient pâlir bien des gens, et qui cependant ne nous enlevaient pas un *iota* de notre gaieté, pas une *panse d'a* de notre philosophie.

Ce poëte inconnu dont j'avais l'honneur d'être

l'ami, et qui avait l'honneur d'être le mien, aimait à fumer comme on dit que fument les Suisses, à rêver comme on dit que rêvent les Orientaux, — et surtout à dormir comme on dit que dorment les loirs et les marmottes. Pour fumer, il se serait volontiers passé de manger; pour rêver, il se serait volontiers abstenu de fumer; pour dormir, il se serait volontiers privé de rêver!...

Quand les hasards heureux de ma vie décousue m'avaient gratifié d'un domicile, et que mon ami le poëte, — en quête d'un lit, — était venu s'emparer du mien, il y dormait tout son saoûl jusqu'aux confins extrêmes de la matinée, c'est-à-dire jusqu'à deux ou trois heures de l'après-midi. Pendant que, levé avec le soleil, je gagnais notre déjeuner à noircir de prose une innocente main de papier-écolier, — très écolier, — il dormait, lui, du calme sommeil dont doivent dormir les défunts; et quand, d'aventure, le heurt d'une chaise, un bruit de voisins, ou seulement le grincement désespéré de ma plume sur le papier, le réveillait, il me jetait au nez une imprécation courte, mais énergique, et tirait les rideaux de l'alcôve avec une violence compromettante pour leur santé, — déjà bien délicate. Puis, fermant ses yeux à triple tour et cadenassant brutalement sa pensée, il se rendormait de ce sommeil impavide que lui eût envié un millionnaire, — ou un condamné à mort.

II

Cette âpre soif de sommeil m'a toujours étonné, et ce n'est pas sans tristesse que je l'ai constatée. Pour moi, le sommeil est une abdication de la volonté. La lutte éternelle de l'âme et de la matière, de la Belle et de la Bête, cesse tout à coup d'une manière honteuse pour l'orgueil humain : l'âme a le dessous, la Belle est vaincue par la Bête.

L'homme n'est homme précisément que parce qu'il pense. Lorsqu'il cesse de penser, il cesse d'être homme. C'est le premier animal venu, — et le plus laid ! — mais ce n'est plus un homme. Cupido savait bien ce qu'il faisait en défendant à Psyché de le regarder dormir. La nuit où Psyché prit une lampe et regarda... — l'Amour s'envola.

L'homme ne doit abdiquer qu'à la tombe, — et encore ! Lorsqu'il donne sa démission d'homme avant cette heure inévitable que nous portons tous marquée sur le cadran de notre montre, ce n'est plus un homme, — c'est un lâche. Ou alors, de deux choses l'une : qu'il supprime le sommeil ou qu'il supprime son orgueil ! Qu'il dorme, mais qu'il ne fasse pas le fier devant un chien !

Je ne suis pas le premier à constater cette douloureuse contradiction. Un grand penseur, Shakspeare, fait dire à Hamlet, dans le fameux monologue que vous connaissez :

> To be, or not to be. — That is the question
> . . . . To die, — to sleep...
> To die, to sleep, — . . . .
> To sleep? Perchance to dream!...

Dormir, rêver, mourir, — tout cela se vaut, c'est la même chose, avec un habit différent. *To die... perchance to dream!* Est-ce que vous ne trouvez pas que cela manque de gaieté?...

III

Aussi, — pour échapper le plus possible à cette mort quotidienne, quotidiennement suivie d'une résurrection, — ai-je passé les trois quarts des nuits de ma verte jeunesse à errer par la ville et les faubourgs,

> A la pâle clarté qui tombe des étoiles,

ou, à défaut d'étoiles, à la non moins pâle clarté qui tombe des lanternes municipales. Nouvelle édition d'Aroun-al-Raschid, — revue et corrigée de tout Giaffar, — j'ai déambulé dans ce dédale de rues et de carrefours, à la recherche de l'inconnu, peut-être bien aussi de l'inconnue.

Il y a du charme, je vous jure, à faire résonner les talons de ses bottes, — quand elles ont le bonheur d'en avoir encore, — sur les trottoirs déserts, le long des portes fermées, à la lueur très incertaine des becs de gaz, et de chasser devant soi des bataillons de chats qui chassent devant eux des bataillons de rats. On regarde çà et là, le nez en l'air, — et l'esprit aussi. Toutes les fenêtres sont closes et noires, à l'exception de quelques carreaux rouges que l'on rencontre par hasard dans cette forêt de moellons enténébrés, et qui ressemblent à des yeux qui pleurent.

Peut-être qu'en effet quelqu'un pleure derrière ces vitres allumées, — quelqu'un ou quelqu'une. Peut-être qu'il y a là quelque pauvre jeune fou qui a trop cru à la gloire, — cette infidèle maîtresse! — et qui se tâte le cœur pour savoir s'il fera sauter au plafond le peu de cervelle qui lui reste encore! Peut-être qu'il y a là quelque pauvre jeune folle qui a trop cru à l'amour, — cet infidèle amant! — et qui se tâte les entrailles pour savoir si elle n'y étouffera pas dans sa coque l'innocente chrysalide de ce misérable papillon! Peut-être qu'il y a là quelque vénérable aïeule en cheveux blancs qui a trop cru à la famille, et qui se meurt d'abandon sur un lit dont elle a vendu le dernier matelas et dont elle a gardé le dernier drap pour s'en faire un suaire. Peut-être qu'il y a là toute autre chose! On ne sait pas! La vie est si compliquée, — surtout à Paris, — que toutes les suppositions sont permises, les plus extravagantes et les plus fausses. Il peut bien se faire que là où l'on croit que se joue un drame bien sombre, façon Pixérécourt ou Bouchardy, il se chante un vaudeville grivois, façon Dumersan et Clairville. Ah! la vie, Monsieur, la vie!...

IV

Que d'heures rêveuses j'ai passées pendant de sereines nuits de juillet, accoudé sur le parapet du quai des Ormes, à regarder une fenêtre grande comme la main, perdue sur les toits sombres d'une maison de l'île Saint-Louis, et toujours brillante comme une étoile, étincelante comme un phare, claire comme un sourire, gaie comme un bonjour, à quelque moment de la nuit que j'arrivasse et quelque temps qu'il fît!... C'était la seule. Tout le reste était dans l'ombre, d'un bout de l'île à l'autre bout. Tout était mort, — cette fenêtre seule vivait!...

Oui, elle vivait, cette petite fenêtre! elle vivait et palpitait comme une créature humaine. Je voyais son souffle rose, j'entendais le susurrement mystérieux et doux de sa respiration! C'était un œil doucement et chastement lumineux, la fenêtre d'une âme, non la fenêtre d'une maison, et chaque fois que cette idée me venait qu'en effet c'était bien un regard humain, — un regard de femme, — qui brillait là, mon cœur s'enflambait et bondissait d'une manière extravagante.

Qui vivait là? « Cache ta vie! » dit l'antiquité. *Elle* cachait peut-être ainsi sa vie, comme la luciole la dérobe à tous durant le jour et ne la trahit durant la nuit que pour les rôdeurs d'élite qui veillent et vivent comme elle.

Peut-être était-ce *Elle* qui travaillait là, chaste enfant, fière jeune fille devenue femme, puis veuve, puis seule; trahie par d'autres, aimée par moi, dont elle avait été, dont elle restera l'unique amour, — l'éternel amour et l'éternel regret!

Mais, comme le dit si bien et si cruellement pour lui Henri Heine, dans son *Heimkehr* : « A quoi bon chanter toujours la même chanson? Veux-tu donc éternellement demeurer là, accroupi, couvant les vieux œufs de ton amour? Ah! c'est une besogne qui ne finira jamais! Les petits poussins brisent leurs coques, ils piaulent, ils sautillent, et toi, tu les mets en cage dans ton petit livre!... »

Il y a longtemps, quant à moi, que je les ai mis en cage dans mon petit livre. Il y a longtemps qu'ils ont pris leur volée et qu'ils sont oubliés, mes premiers vers d'adolescent où j'avais embaumé mon amour avec son souvenir. Ils sont loin, — s'ils volent encore. Les ailes ne leur manquaient pas, — ils manquaient seulement de souffle. C'est bête comme tout d'estropier ainsi ses fraîches amours de jeune homme pour les faire entrer dans un tas d'alexandrins stupides! Qu'est-ce que ça peut faire aux autres, je vous le demande, que j'aie été amoureux, et je n'aie pas été « le plus heureux des hommes », — comme on dit dans les vaudevilles et dans les études de notaire?...

Et d'ailleurs, il était peut-être nécessaire, il était peut-être bon que je souffrisse ainsi. Il faut que la grappe soit foulée pour devenir vin; il faut que la gerbe soit battue pour devenir pain. Mes vendanges et ma moisson sont faites.

Ainsi soit-il!...

Cette petite fenêtre de l'île Saint-Louis m'attirait Je trouvais un charme étrange à imaginer à propos d'elle les romans les plus invraisemblables, les plus absurdes, les plus naïfs et les plus charmants. Et toujours, toujours! j'en revenais à cette supposition absurde, que c'était *Elle* qui me regardait ainsi et qui m'appelait avec ce sourire lumineux. Pourtant on m'avait appris sa mort six mois auparavant! Mais cela ne faisait rien, au contraire! Il me plaisait de croire à sa résurrection, et moins il y avait de chances pour que ce fût *Elle*, et plus je me cramponnais à cette idée que c'était *Elle*...

Je suis d'une crédulité d'enfant sur toutes choses ; je préfère cela au scepticisme amer qui se raille de tout et surtout de lui-même. Ainsi, j'ai toujours été touché de cette crédulité charmante et puérile de cet historien d'Abélard, qui assure sérieusement, gravement, doctoralement, que, lorsqu'on descendit Héloïse au tombeau, Abélard, — mort une vingtaine d'années auparavant, comme chacun sait, — Abélard ouvrit ses bras pour recevoir sur son cœur cette maîtresse bien-aimée, qui lui avait coûté si cher...

Rien donc ne m'empêchait de croire que ce fût *Elle*, ma Béatrix, ma Laure de Noves, ma Vittoria Colonna!...

Cela m'affola et m'empoigna à ce point qu'un matin, après une grande nuit de rêvasseries, je courus au marché aux fleurs, et, réunissant les dernières pièces de quarante sous qui flânaient encore par extraordinaire dans mes poches, j'achetai un énorme et splendide bouquet... C'étaient quinze de mes déjeuners, — les derniers, — que j'allais lui offrir là !

Je me mis en route, tout joyeux et tout palpitant, pour la petite fenêtre de l'île Saint-Louis...

On ne devrait jamais éventrer ses poupées quand on les trouve jolies, parce qu'en leur décousant bêtement le ventre, — pour voir ce qu'elles ont dedans, comme on dit, — on s'aperçoit qu'il en coule du son au lieu de sang... Quand on ne veut pas se le gâter, il ne faut pas se prouver son bonheur !...

Il n'y avait pas à s'y tromper. Les maisons de l'île Saint-Louis ne sont pas hautes ; celle-là n'avait que quatre étages, plus une mansarde, — la sienne!... Je gravis, comme à dix-huit ans, les quatre-vingts marches qui me séparaient d'*Elle;* j'aperçus sa porte, je frappai, le cœur tout bondissant ; elle m'ouvrit et je tombai dans les bras —

— d'un ouvrier cordonnier...

Ma divine poupée avait du son dans le ventre, — beaucoup trop de son...

V

« La forêt empêche de voir les arbres », — dit l'Allemand Menzel. La foule empêche de voir les hommes. Il n'y a pas moyen de saisir un profil, de retenir une physionomie, de distinguer un type au milieu de cette cohue parisienne où tout le monde se heurte, se marche sur les pieds, s'injurie, s'éclabousse, d'un air affairé et effaré qui me semble assez bouffon, — quoique assez lugubre. La journée est consacrée à la bêtise, à la férocité et à l'ennui. C'est une vieille tradition : on brisera difficilement avec elle. Que de Titus parmi les Parisiens! Que de perdeurs de journées !

La nuit, du moins, n'est pas banale. Elle n'appartient pas à tout le monde, — mais seulement aux chercheurs, aux artistes, aux vagabonds et aux ivrognes. Je ne parle pas des filous, parce que les filous *n'exercent* que dans la journée.

Aussi, Paris est charmant la nuit. Les théâtres viennent de fermer, et les belles mangeuses de pommes du faubourg Saint-Germain et du faubourg Montmartre regagnent frileusement leurs hôtels respectifs, à pied ou à cheval ; les chaises de poste atmosphériques roulent pesamment, chargées de vaudevilles de M. Clairville ; les maraîchers et les maraîchères viennent s'échelonner en rangs d'ognons le long de la rue de la Ferronnerie ; les amoureux vingtenaires jouent de la guitare ou du napoléon sous les fenêtres de leur « inhumaine » ; les chats proscrits par les portières, et réclamés par les casserolles des restaurants à trente-deux sous, rasent furtivement les trottoirs pour échapper à leur dernière incarnation de gibelottes. Paris se fait désert. De temps en temps des ombres sortent de l'ombre, — non pas celles que les Romains amenaient avec eux dans leurs banquets, mais celles qui se sont assises pendant quelques heures à ce banquet étrange qui s'appelle l'amour parisien. Puis, peu à peu, avec ces ombres d'autres ombres, plus honnêtes, plus pures et moins fatiguées, — les ombres de ceux

> . . . . dont la lampe le matin
> Au clairon du coq se rallume,

les travailleurs de l'atelier et les travailleurs de la rue, les ouvriers et les balayeurs.

Car le matin va venir, la grande ville va se réveiller : il faut qu'en mettant le nez et les yeux à la fenêtre, elle trouve sa toilette faite.

VI

Autrefois, l'armée des balayeurs, — cette armée de gens sales destinés à rendre Paris propre comme un vieux sou, — était composée d'une foule d'individus de tous les âges et de tous les sexes ; de toutes les professions et de tous les costumes. Les balayeurs étaient, pour ainsi dire, des *condottieri* pacifiques. Ils avaient, pour la plupart, servi sous tous les drapeaux de l'existence parisienne ; ils avaient fait tous les métiers avant de dégringoler à celui-là. Les uns avaient été millionnaires, les autres employés aux pompes funèbres. Celle-ci avait été une actrice adorable et adorée, une gipsy de l'art et de la poésie ; elle avait servi de modèle à Prudhon, et Désaugiers avait fait un rôle pour elle... Celle-là avait été l'honnête femme d'un honnête pauvre homme, qui était mort en lui léguant beaucoup d'enfants à nourrir, et encore plus de créanciers à apaiser... Tous les naufragés de la vie, toutes les épaves sociales, toutes les existences dévoyées et déclassées, en un mot, se réfugiaient là comme dans un port de salut, pour y grignotter en paix leur dernier morceau de pain avec leurs derniers morceaux de dents... C'était pittoresque peut-être, — à coup sûr c'était lamentable. Les débris ont beau se consoler entre eux, ce sont toujours des débris, — et les ruines humaines sont les plus navrantes de toutes les ruines... Rien ne pousse sur elles de ce qui fait la gaieté des autres, — pas le moindre lichen, pas la moindre ravenelle, pas la moindre graminée!... Au contraire, tout tombe et s'en va, la dignité, la pudeur, les cheveux, les dents — et le reste!

Aujourd'hui tout cela est changé. L'enrégimentation des balayeurs se fait d'une autre façon. D'abord, il n'y a plus de balayeurs, — il y a des cantonniers. Ces cantonniers n'ont été ni millionnaires, ni actrices, ni croquemorts, ni honnêtes femmes; ils ne sont ni vieux, ni Parisiens. Ce sont des Alsaciens, jeunes et gaillards, qui font leur besogne matutinale avec une ardeur et une constance dignes d'un meilleur sort!

Quand je dis Alsaciens, je pourrais bien ajouter Alsaciennes, — car les mâles sont doublés de femelles. Autrefois, celles-ci vendaient de petits balais en copeaux de sapin; aujourd'hui elles en portent de grands, en ramilles de bouleaux ou en branches de bruyères. Autrefois elles couraient les rues, — aujourd'hui elles les nettoient.

Oui, cette brave jeunesse-là vient de Schelestadt ou des environs de Strasbourg, de Markolsheim ou d'Erstein ! Elle a quitté le pays natal, — le véritable *ubi amor*, celui-là ! — à l'âge où il est si doux d'avoir un pays natal pour y voir s'épanouir les printemps et les cœurs...

C'est donc bien laid Schelestadt, mes enfants ? Vous aimez donc bien peu les plaines vertes, la chaumière perdue sous les arbres, les clairs ruisseaux qui font tourner les moulins, les étangs où barbottent les canards, — que vous venez ainsi dans notre grande ville, tumultueuse et malsaine, où les visages roses se fanent si vite, où les consciences pures se corrompent si tôt ?...

Mais sont-ce bien des hommes, ces Alsaciens rustis et taciturnes? Sont-ce bien des femmes, ces Alsaciennes empaquetées dans d'affreuses robes courtes et montantes — qui laissent précisément voir ce qu'elles devraient cacher, et qui cachent précisément ce qu'elles devraient laisser voir ?

J'en doutais ! Et certes vous auriez fait comme moi. Mais, depuis l'autre jour, je ne suis plus de mon avis.

VII

Il y a, à deux pas du Palais-Royal, — entre la cour des Fontaines et la rue Neuve-des-Bons-Enfants, —

un petit passage noir et tortueux, orné d'un écrivain public et d'une fruitière. Cela peut ressembler à l'antre de Cacus ou de Trophonius, mais cela ne pourra jamais ressembler à un passage, — même avec de la bonne volonté et des becs de gaz.

Eh bien ! ce passage obscur, étroit, malpropre, a été pour moi, l'autre matin, mon chemin de Damas ; j'y ai eu ma révélation, comme Saul, et aujourd'hui je crois aux Alsaciens comme hommes, — et surtout aux Alsaciennes comme femmes.

Je marchais tranquillement de ce pas d'un homme qui est toujours pressé de partir, mais qui n'est jamais pressé d'arriver, « regardant vaguement quelque part », lorsque je fus ramené aux réalités de la vie par un bruit copieux de rires et de baisers. Je m'avançai, étonné, et, dans la pénombre, j'entrevis des Alsaciens et des Alsaciennes qui s'embrassaient — comme on ne s'embrasse pas assez souvent.

Oui ! ces tailles, tout à l'heure disgracieuses, ces paquets de hardes ficelées de grosses cordes et coiffées de mouchoirs à tabac, se redressaient maintenant et ondulaient comme de jeunes lianes, — transformées en un clin d'œil et en un clin de lèvres par ce magicien puissant qui s'appelle l'Amour, aidé de cette fée irrésistible qui s'appelle la Jeunesse !...

Peut-être que, peu de minutes auparavant, quelqu'un d'entre eux avait sifflotté, sur un vieil air connu, des fragments d'un chanson allemande plus connue encore, — quelque *lied* amoureux des bords du Rhin, quelque *buherlied* villageois, — et avec cet air et cette chanson étaient arrivés aux poumons et au cœur quelques parfums du pays natal!... Alors, on avait bien vite oublié cet affreux Paris pour se rappeler le village où l'on avait été élevé ensemble, la prairie où l'on avait joué ensemble, la montagne que l'on avait parcourue ensemble, la petite rivière où l'on s'était baigné, — peut-être ensemble, comme Daphnis et Chloé! — ou bien le grand fleuve, le Rhin majestueux, sur les rives duquel on avait formé des projets d'avenir plus charmants les uns que les autres!...

VIII

Ces baisers furtifs, mais sonores, m'ont fait plaisir. Ce sont des lèvres jeunes qui se les donnent; ils n'ont rien de vénal ni de banal; ils sont chastes comme l'amour et ardents comme la jeunesse : ce sont des baisers de fiancés qui seront un jour époux.

Une réflexion, cependant, est venue gâter le bonheur que me causait ce spectacle : ces braves amoureux du bon Dieu viennent ramasser leur dot dans la boue de Paris !

PASSÉ MINUIT

SUR LE SEUIL

Les Parisiens ont beau être des Athéniens — par le luxe et la corruption, — ils n'entendent pas encore la vie. La plupart des habitants de cette bonne vieille Lutèce ont encore la déplorable habitude de se coucher comme les poules, — et le préjugé, plus déplorable encore, de s'imaginer que la nuit a été faite pour le sommeil et le jour pour le travail.

Que le jour appartienne au travail, — je ne m'y oppose pas. Mais que la nuit appartienne au repos, — voilà ce qui me scandalise. Les gens qui avancent cette hérésie n'ont jamais été à Londres ; ils ne savent pas ce qu'il y a de charmant, et — dirait M. Prudhomme — de *féerique*, dans l'aspect que présente cette ville durant la nuit ! Le gaz proteste énergiquement contre le soleil, et l'homme n'oserait pas protester contre le sommeil ?... Oh !

La vie nocturne est charmante à Londres

Elle pourra le devenir à Paris.

Déjà des autorisations, accordées à quelques établissements avoisinant les halles, ont été étendues à d'autres établissements éloignés de ce centre commerçant. Sur plusieurs points de Paris, le promeneur rencontre, au milieu de l'obscurité et du silence, des jets de lumière et des jets de gaieté qui l'avertissent que là on veille, que là on boit, que là on mange, que là on joue, que là on aime! O cabinets particuliers, voilà bien de vos coups!...

La rue Dauphine, par exemple, sur la rive gauche de la Seine, est dans ces conditions particulières. Le *Café Belge* reste ouvert toute la nuit, et, à deux pas de lui, la *Rôtisserie*, la *Rôtisseuse* et l'ancienne *Brasserie Weber*, restent ouvertes jusqu'à deux heures du matin (1).

Sur la rive droite, — outre les restaurants de la halle, — il y a, sur la ligne des boulevards, quelques établissements de ce genre autorisés.

Le *Café Leblond* est de ceux-là.

ENTRONS

Il y a une entrée sur le boulevard des Italiens jusqu'à minuit, et une sortie sur le passage de l'Opéra jusqu'à deux heures du matin.

(1) Une mesure de police vient de changer tout cela.

Quand vous entrez dans la salle du bas, — complétement veuve de billards, — vous cherchez une place, et vous ne la trouvez pas. L'espace est restreint, les tables l'obstruent, — et les consommateurs obstruent les tables. Consommateurs des deux sexes, hommes et femmes, pas d'Auvergnats, — tout au plus quelques Auvergnates très élégantes, *fleurs du mal* qui se respirent entre elles.

Tout cela parle haut, tout cela boit, tout cela fume, tout cela rit.

Les hommes boivent pour se griser, fument pour user les cigares des garçons et causent pour dire des bêtises. Quant aux femmes, elles fument aussi pour faire des effets de mains blanches et de bagues en cornaline; elles boivent aussi, pour ne pas laisser tout boire aux hommes; et si elles rient bruyamment, à gorge déployée,—celles qui en ont!— c'est pour avoir l'occasion de se renverser en arrière, d'avoir l'air de se pâmer, — un prospectus! — et pour montrer l'adresse de William Rogers imprimée en hippopotame le long de leurs gencives...

DU PERSONNEL

Je ne parle pas du maître et de la maîtresse de la maison. Je ne les connais pas, — ils ouvrent peu la bouche. Ils sont déguisés en sphinx. La femme tient le comptoir et aligne des chiffres ; le mari tient sa serviette le long de son habit noir et surveille ses garçons d'un air qui prouve l'importance qu'il attache à ses fonctions de maître de café, — un sacerdoce !... Il a raison, au fait, cet homme. Et Denis Diderot aussi : « Ne fît-on que des épingles, il faut être enthousiaste de son métier pour y exceller. » M. Leblond (est-ce bien son nom ?) excelle dans *sa partie*.

Quant aux cravates blanches et aux vestes rondes qui font l'office de garçons, je dois avouer que je n'ai pas surpris chez elles la plus petite flammèche d'enthousiasme. Elles ont l'air fatigué des gens ennuyés et l'air ennuyé des gens fatigués. Cela manque d'attrait, en effet, une existence comme celle que mènent ces vestes rondes et ces cravates blanches, — et qui consiste à verser toute la journée, toute la soirée et une partie de la nuit, des demi-tasses, des glorias, des verres d'eau, des canettes, des sodas, des petits verres, et à recevoir comme gratification quelques centimes ou quelques injures, — selon le degré de politesse et d'ébriété des consommateurs.

Mais cet air ennuyé cache une profonde ambition. Ce sont des garçons qui songent à se marier avec la fortune. Dans leurs rêves agités ils entrevoient un établissement superbe, sur le boulevard ou ailleurs, avec des glaces, des dorures, des divans, des lampadaires, — et une dame de comptoir d'une beauté impossible et d'une vertu accommodante. Esclaves, ils veulent devenir tyrans. La veste ronde est leur tunique de Nessus; ils brûlent de l'arracher de leurs épaules, ou de lui coudre des basques afin de la faire ressembler à un habit noir. L'habit noir est leur bâton de maréchal!...

Ne parlez jamais amour, jamais poésie, jamais beaux-arts, à ces honnêtes vestes rondes-là, — même lorsqu'elles sont devenues habits noirs. Elles ne comprennent rien en dehors de leurs petits rêves d'ambition. Tout ce qui n'est pas comptoir d'acajou, glaces, dorures, divans, lampadaires et femme de comptoir, est lettre close pour elles.

« O Dieu paternel! — s'écrie quelque part le vieil Arouet, — l'âme immortelle est logée entre la vessie et l'intestin rectum!... » Pas toujours, pas toujours, vieil Arouet! L'âme du licencié Pedro Garcias était logée parmi les ducats que contenait sa bourse de cuir : l'âme des garçons de café aussi.

DES HABITUÉS ET DE LEURS HABITUDES

Les habitués sont de trois catégories, — comme la viande de boucherie. Il y a là des artistes, des gens de lettres, des musiciens. C'est la première catégorie, — ce sont des morceaux de filet et des habitués de choix. Les garçons ne les ont pas en grande estime, — ils payent mal!...

La seconde catégorie se compose d'honnêtes gens qui n'ont pas le sou, et qui, ne sachant pas trop où ils vont dîner, savent encore moins où ils coucheront. Ils s'accoudent à une table devant un verre vide et font un tas d'agaceries aux canettes des tables voisines, qui répondent assez volontiers à ces invitations à la walse, et qui, — en se dérangeant pour aller jusqu'à eux, — oublient parfois de retourner sur la table d'où elles sont parties. Il faut semer dans cette vie beaucoup de petits verres pour récolter quelques amis..

Il est inutile d'ajouter que les garçons ont ces habitués-là en profond mépris... Ils ne payent pas du tout !...

Quant aux habitués de la troisième catégorie, ma plume, — qui cependant n'est pas bégueule ! — regimbe et se refuse à les définir.

Ce sont des gens que les garçons ont en profond respect, mais auxquels on a parfaitement le droit de ne pas donner la main. Gavarni les a déjà définis et classés. Ils font partie de ce monde interlope dont les mœurs sont aussi mystérieuses que celles du jacapa ou du jacamar, — des oiseaux *polygames* des forêts du Nouveau-Monde, remarquables *par la beauté de leur plumage*.

Ce sont, en effet, des gens très bien mis, assez solides d'épaules, assez crânes d'allures, assez violents de langage. Ils ont des favoris très heureusement teints, et tout ce qu'ils ont de cheveux est très habilement disposé sur les faces et sur la nuque, ornée, bien entendu, de cette aimable *petite rigole* découverte par Charles Bataille. Ils ont, en outre, beaucoup de chaînes d'or, encore plus de bagues, et, pour un'peu, ils porteraient des boucles d'oreilles. Je ne sais pas si tout cet or là est contrôlé, — mais ceux qui le portent devraient bien l'être avant d'entrer...

Blaise Pascal avait raison : « Vérité en deçà des Alpes, erreur au delà ! » Les gens dont j'entends vous parler ici pourraient s'appeler en Écosse Mac-Adam, Mac-Carty, Mac-Conor, et ils ne s'en fâcheraient pas. Ici, au contraire, à Paris, si vous essayiez de joindre cette particule nobiliaire à leurs noms, ils joueraient du poing et de la canne, — quittes à jouer des jambes à l'arrivée de la police. Est-ce que je n'ai pas failli être assommé, un soir, parce que je trouvais que l'un d'eux, porteur d'une tête énorme, ressemblait à un macrocéphale !... Il y a des gens bien susceptibles.

Je me hâte d'ajouter, d'abord, que ces habitués-là sont peu nombreux au café Leblond ; ensuite que, s'ils y viennent, c'est en vertu du droit qu'ont tous les passants d'entrer dans un établissement public quand la porte en est ouverte.

Or le café Leblond est ouvert jusqu'à deux heures du matin. Il est naturel que la société y soit un peu mêlée...

LE CLAN DES FEMMES

« Toujours les femmes ! On ne saurait faire un pas sans les rencontrer à travers son chemin ! »

J'emprunte encore cette exclamation à ce génie millionnaire qui s'appelle Denis Diderot.

Oui, toujours les femmes, ô mon vénéré maître ! Il en faut bien, hélas ! Il en faut bien ! Elles se mêlent à tout dans la vie ! Elles touchent à tout ! Elles sont dans tout ! Elles sont d'éternels sujets de causerie et de dispute. Quand deux montagnent se battent, c'est à cause d'elles. Quand deux amis se fâchent, c'est encore à cause d'elles. Quand deux hommes s'égorgent, c'est toujours à cause d'elles ! Quand une révolution a lieu quelque part dans le monde, ce sont elles qui l'ont occasionnée ! Il y a eu trois ou quatre cents guerres de Troie depuis la première, et il y en aura encore quelques milliers d'autres !... Toutes les femmes sont des Hélènes et tous les hommes sont des Grecs, — sans jeu de mots. Le beau Pâris est une invention du vieil Homère. Hélène se serait fait enlever par Ménélas lui-même, plutôt que de ne pas se faire enlever du tout et de ne pas mettre le feu à l'Hellade !

Il y a donc des femmes au café Leblond.

Mais quelles femmes ? Ah ! voilà ! C'est assez difficile à dire, — surtout pour une plume sincère comme la mienne.

D'abord, elles ont des toilettes charmantes. Ce sont des poupées bien habillées, — et bien peintes aussi ! Mais il paraît que notre génération de fils de famille aime cette famille de filles peintes, qui est aussi nombreuse et aussi éternelle que celle d'Agamemnon. Les anciens Romains, aux jours solennels, peignaient leurs dieux avec le suc violet des fruits de l'hièble. Les Parisiens d'aujourd'hui peignent ou laissent peindre leurs déesses avec la sécrétion de la cochenille mestèque, — mêlée à beaucoup de céruse.

Quelques-unes sont jolies ainsi, — d'autres sont laides. Mais elles comptent beaucoup sur le gaz, qui émérillonne leurs regards et fait étinceler leurs dents en hippopotame... Elles comptent aussi sur les nuages qui doivent obscurcir — à cette heure de la nuit — les cervelles des consommateurs, autour desquels elles rôdent comme le lion de l'Écriture, sans cependant bouger de place.

Ce sont des citoyennes du pays du Tendre, — ce pays où nous sommes tous bien forcés de faire de temps en temps quelques excursions. Je l'aime encore mieux, pour ma part; — malgré ses fondrières, ses casse-cou et ses abîmes, — que l'*ubi fœnus*, le pays où l'on agiote. Le ramage des filles est cent fois préférable à l'argot des boursiers.

Mais je n'ai ni la permission ni l'envie d'insister sur l'état civil de cet escadron volant d'aimables aventurières qui, — bien qu'elles ne soient pas très pieuses et qu'elles ne croient qu'au dieu des jardins, — font toutes, le soir, avant de se coucher, la prière de Ninon de Lenclos, leur grand'mère : « Mon Dieu, faites-moi la grâce de porter mes rides au talon ! » Prière qui, par parenthèse, n'est pas assez exaucée pour la plupart d'entre elles, sur lesquelles le temps met chaque jour brutalement sa patte d'oie...

Pourquoi serions-nous sévères envers ces enfants perdus de la vie qui ne demandent que deux choses à Dieu — et aux hommes : *Victum et vestitum ?*... N'oublions pas que, si elles sont bien habillées, elles n sont pas toujours bien nourries. La marchande à la toilette est de meilleure composition que le restaurateur. Il est vrai qu'elle y trouve son intérêt, et que l'autre n'y trouverait pas son compte.

Filles d'Eve, je ne vous jetterai jamais au nez les pepins des pommes que nous avons croquées ensemble !

7.

GUICHARDET

Je ne peux pas quitter le café Leblond sans saluer de la main, de la bouche et de la plume, un homme que j'y ai souvent rencontré dans mes accès de noctambulisme, — et qui mérite mieux que la réputation qu'on lui a faite.

Parmi ces tables chargées de verres et de têtes circule sans cesse un habit surmonté d'une physionomie joyeuse, au milieu de laquelle s'irradie un nez fortement coloré qui reluit à la lueur du gaz comme un louis d'or amoureux, — un nez frère de celui du marquis Gumpelino de Henri Heine !...

Cet habit noir surmonté de ce nez superbe, c'est Guichardet, — un homme d'esprit inédit ou presque inédit, — qui égrène ses mots comme une femme ses perles, et qui passe ses heures à rouler des cigarettes qu'il ne fume pas.

Théodore de Banville l'a chanté. Rappelez-vous ses *Triolets rhythmiques* :

>   Là, Guichardet, pareil aux dieux,
>   Montre son nez vermeil et digne.
>   Ici d'affreux petits Mayeux,
>   Là Guichardet, pareil aux dieux.
>   Murger prodigue aux curieux
>   De l'esprit à cent sous la ligne.
>   Là, Guichardet, pareil aux dieux,
>   Montre son nez vermeil et digne.

Il va, il vient, *pede titubante*, distribuant ses poignées de main aux hommes et ses sourires aux femmes, parlant de ceci, de cela, et de bien d'autres choses encore, — comme Pic de la Mirandole. Quand le tapage devient trop violent dans un coin de la salle habité par quelques-uns de ses amis, il s'écrie alors dans son épaisse moustache : « Allons ! allons ! Il y a trop de petits verres à la clef... Il faut baisser le ton ! » Et il se dirige vers le groupe turbulent, auquel il jette — entre deux *abs! abs!* — le mot de Fontenelle : « Mes enfants, si nous ne parlions que quatre à la fois, hein ?... »

Guichardet n'est pas, — comme vous et moi, — un des misérables forçats de l'amour, de la gloire ou de la fortune ! Il n'est pas, — comme certains paradoxeurs de ma connaissance, — ficelé dans les bandelettes d'argent du préjugé. Il marche libre et fier dans la vie, comme Socrate dans l'Agora. Il s'est conquis et s'appartient !...

Guichardet est l'*impavidus* d'Horace. Il a assisté à bien des naufrages, — et il a failli se noyer plusieurs fois dans les flots noirs de cette mer toujours houleuse qui s'appelle la vie parisienne. Mais il est bon nageur ; — il a regagné le port, d'où il voit arriver et partir toutes les naufs, grandes ou petites. Quand l'une d'elles sombre, il salue et dit simplement : « Encore une ! » Puis il remet son chapeau.

Il a raison, — il ne faut pas s'enrhumer dans cette vie !

Il a été, il est encore l'ami de toutes les réputations de ce temps. Il a vu naître et mourir bien des systèmes philosophiques ! Il a été parrain de bien des doctrines littéraires ! Il a été mêlé à bien des écoles artistiques qui se sont dévorées entre elles, — comme les enfants de Cadmus ! Et, à cette heure, le voilà debout, nouveau Marius, sur les ruines de toutes ces Carthages...

P. P. C.

J'ai fini. Je vais prendre congé de vous, lecteurs. Mais, auparavant, permettez-moi de répéter ici une phrase d'Honoré de Balzac qui me vient à l'esprit toutes les fois que je vois des intelligences vaillantes s'émietter dans des buveries assidues et dans des veilles prolongées : « Tout excès qui atteint les muqueuses abrége la vie. L'homme n'a qu'une somme de force vitale ; elle est répartie également entre la circulation sanguine, muqueuse et nerveuse ; absorber l'une au profit de l'autre, c'est causer un tiers de mort. Enfin, pour nous résumer par une image axiomatique : *Quand la France envoie ses cinq cent mille hommes aux Pyrénées, elle ne les a pas sur le Rhin.* Ainsi de l'homme.

LA 5ᵉ DIVISION DE LA SALPÊTRIÈRE

QUELQUES LIGNES D'EXPLICATION

L'homme de lettres est une sorte de médecin social : tout l'intéresse, et il a le devoir de s'intéresser à tout, — aux plus tristes choses de la vie comme aux plus gaies. Les réalités les plus poignantes ne sont pas pour lui des spectacles : ce sont des études. Chaque fois qu'il plonge dans les gouffres, ce n'est pas pour en rapporter la coupe du roi de Thulé : c'est pour en retirer une leçon.

C'est pour cela que, — chagrin mais chercheur insatiable, — je passe certaines nuits et certains jours à la quête des anomalies et des étrangetés sociales. C'est pour cela que je m'intéresse si particulièrement aux choses et aux gens qui composent le *Dessous de Paris*. C'est pour cela que j'ai visité Charenton, Bicêtre et la Salpêtrière.

QUELQUES LIGNES D'HISTOIRE, DE STATISTIQUE ET D'ADMINISTRATION

Le temps de passer une cravate blanche et un habit noir, — et je suis à vous.

L'hospice de la vieillesse (femmes), — *vulgo* la Salpêtrière, — est l'établissement le plus gigantesque de Paris. C'est une ville dans une ville, d'une population de quatre mille *âmes*, — si je puis m'exprimer ainsi. Sa fondation remonte à l'an 1656. A l'origine, c'était une sorte de Villers-Cotterets pour les vagabonds et les vagabondes de Paris. Plus tard, c'est devenu un hospice pour les femmes atteintes de folie, — cette maladie dont on ne guérit que rarement, — et pour les femmes atteintes de vieillesse, — cette maladie dont on ne guérit jamais.

Il y a quarante-cinq ou quarante-six corps de bâtiments divisés en sept sections. Quatre sections sont affectées aux femmes âgées ; trois autres sont affectées aux aliénées, idiotes et épileptiques. Ces trois dernières sections forment ce qu'on appelle la *cinquième division de la Salpêtrière*.

La population flottante de la cinquième division est de 1,300 malades. Le nombre des guérisons, — sauf récidive, — est d'un tiers environ.

DEUX RENSEIGNEMENTS

Premier renseignement. Point n'est besoin de protections pour être admis, — c'est-à-dire admise, — dans la cinquième division de la Salpêtrière : il suffit d'être fou, — c'est-à-dire folle. Les admissions d'urgence se font par la préfecture de police ou par le bureau central.

Deuxième renseignement. Le directeur de la Salpêtrière est un vaudevilliste très connu...

DESCENTE AUX ENFERS

C'était un jour d'été de l'année dernière. J'étais avec notre regretté Privat d'Anglemont, — qui, lui aussi, avait voulu faire comme Enée, comme Orphée, comme Dante et comme moi. Notre guide était un jeune interne plein de douceur et de sourires.

Si j'étais fataliste, ce serait là un thème à fatalité, car Privat d'Anglemont vient de mourir, et l'interne, notre guide, est mort, il y a quelque mois, des suites d'une piqûre anatomique.

Mais je ne suis pas fataliste : je suis Parisien.

C'était donc un jour d'été de l'année dernière; nous entrâmes...

PARENTHÈSE

(Je vous demande la permission de l'ouvrir, afin de vous demander pardon des *parfaits définis* que je vais être contraint d'employer dans mon récit : *nous entrâmes, nous allâmes, nous vîmes, nous aperçûmes, nous saluâmes*, etc., etc. Cela vous a une allure solennelle, monotone et prétentieuse, qui sent la province de quatre kilomètres. Aussi, dès que je le pourrai, je me débarrasserai de ces *parfaits définis*-là, je vous le promets.)

Maintenant, comme il faut qu'une parenthèse soit ouverte ou fermée, je la ferme pour parler des

NEIGES D'ANTAN

Le hasard voulut que la première salle visitée par nous fût la salle des *women-spoiler*.

Elles étaient là huit ou dix, vêtues de la camisole de force, la tête rasée, la face exsangue, le sourire béat, le regard en dedans.

L'une d'elle aperçut Privat. Ce grand explorateur des mondes parisiens, — du monde interlope surtout, — avait connu cette malheureuse quelque part, ou ailleurs, là où elle allait enfin.

Ils se reconnurent. Ce fut horrible de part et d'autre ; Héloïse riait, et Privat avait envie de pleurer. Il avait oublié, — et il venait échouer sur un souvenir !

Il ne voulut pas faire un pas de plus : le cœur lui manquait. Il s'en alla.

Pour moi, qui ne sais jamais aller en arrière, — quoi qu'il m'attende de fâcheux en avant, — je restai là avec mon guide, qui connaissait le nom et l'histoire de toutes ces *women-spoiler*.

Ai-je besoin de le dire? toutes étaient des bohémiennes de l'amour et du hasard, qui avaient commencé par se *gâter* le cœur, puis l'esprit, — puis le corps. Elles avaient été aimées, celle-ci par un poëte, celle-là par un vaudevilliste, cette autre par un peintre, cette autre par un autre, — et elles avaient aimé : celle-ci un marchand de vins de Bercy, celle-là un vicomte, cette autre un coiffeur, cette autre un autre. Car c'est ainsi !

Ces créatures sans nom, que j'avais devant moi, décharnées, rasées, abruties, elles avaient été belles ! elles avaient eu des dents blanches au lieu d'avoir des dents chassieuses ! elles avaient eu des lèvres roses au lieu d'avoir des lèvres violettes ! elles avaient eu des yeux chargés de tendresse au lieu d'avoir des yeux chargés de sanie ! elles avaient eu de longs cheveux, noirs ou blonds, au lieu d'avoir des cheveux gris taillés en brosse !... elles avaient rempli le monde parisien du bruit de leurs extravagances et de leurs prodigalités, de leurs toilettes et de leurs soupers, de leurs amants et de leurs victimes, — tout cela pendant une heure, — et elles étaient venues aboutir à ce dénoûment trivial, brutal, horrible, à la salle des *women-spoiler!*

La tête me tournait, et le cœur aussi : je demandai à voir autre chose.

On m'ouvrit la porte d'un immense ouvroir où travaillaient

LES FOLLES SAGES

Sages, c'est-à-dire calmes.

Il y en avait de jeunes, de mûres et de vieilles. Toutes travaillaient, et, n'avait été le silence de plomb qui pesait dans cette salle, j'aurais cru entrer dans un ouvroir ordinaire. Les doigts allaient agiles, la pensée était absente : c'étaient autant de machines à coudre.

A mesure que nous approchions, — mon guide et moi, — les têtes se relevaient, les doigts s'arrêtaient, les machines à coudre essayaient de penser. Une jeune fille de vingt ans à peine me regarda avec des yeux « en coulisse », et me sourit d'un petit sourire familier, — le sourire de Marguerite après l'abandon de Faust et le meurtre de son enfant! Il y avait une barre dans sa pauvre cervelle, — une barre rouge :

elle avait oublié ce qui avait suivi, pour ne se rappeler que ce qui avait précédé! Pour elle j'étais l'amant, non le séducteur; elle revoyait son premier rendez-vous, elle ressentait le premier baiser; elle se revirginisait! Pauvre Gretchen!

J'allais me retirer : une vieille femme, — une femme de la campagne, — se leva de sa chaise et vint s'agenouiller dévotement devant moi. J'ai la barbe rouge et les cheveux longs que la tradition prête à Christ : peut-être m'invoquait-elle pour recouvrer sa raison sombrée! Pauvre vieille! Qu'en aurait-elle fait, de sa raison? Sans doute elle était là depuis de longues années, et sa famille l'avait oubliée, et sa famille était morte! Hélas! la folie est quelquefois un bienfait.

En sortant de l'ouvroir, j'entrai dans

LE JARDIN DES FOLLES

L'une était accroupie sur le sable, la tête couverte d'une mante, et ne bougeait pas plus qu'une souche. Pour un peu, elle eût pris racine là. Quelle bouteille à l'encre que cette cervelle!

L'autre, habillée d'un chapeau rose fané à la mode de 1831, et d'une robe de mousseline rapiécée avec une étoffe de laine, pirouettait vertigineusement comme un derviche-tourneur. C'était une victime de la valse, peut-être !

Celle-ci courait d'un bout à l'autre bout du jardin avec une monotonie et une régularité de pendule. Cette cervelle détraquée ne marquait plus les heures de la réalité, cependant.

Celle-là riait en parlant et parlait en riant. Quel rire ! Quelles paroles ! Je n'ai jamais entendu rien d'aussi incohérent. Imaginez trois ou quatre cents mots arrachés à un dictionnaire et mêlés ensemble dans un chapeau, comme des numéros de loterie. Cela formait une *olla podrida* des plus grotesques et des plus pénibles, — quelque chose dans le goût des *queues* des typographes. « J'ai du chagrain... Grain d'orge... Farine... Farina... La soupe est chaude... Mettez-là sur le feu... En joue, feu !... Barcarolle... Disette... Hanneton, vole, vole, vole !... Au voleur !... J'ai du bon chagrin dans ma tabatière... Hier et aujourd'hui... Bonjour, monsieur ! »

Cela pendant toute la journée !...

Cette autre murmurait, se parlant à elle-même, ou parlant à quelqu'un absent : « Quand le coq chantera, j'aurai des millions. » Hélas ! le coq a chanté souventes fois depuis qu'elle est là, la pauvre folle, et aucun million ne lui est venu, — non plus que le réveil de la raison !

Cette autre répétait, sans s'arrêter pour respirer : J'ai des carreaux de vitre dans le ventre !... J'ai un

Calvados — un département entier ! — dans l'estomac !... J'ai la tête de fer, le bon Dieu a brûlé en moi !... J'ai fait une mauvaise communion !... Vous marchez sur le ciel de mes petits enfants !... »

Cette autre enfin criait : « Je me connais, moi Blanc, je me suis créée assise sur la grande épaisseur... La grande épaisseur se sent et ne se connaît pas !... Je marche, et mes souliers n'amincissent pas ; c'est mes souliers, c'est mes bas, c'est ma jupe de la même couleur !... » Et quand elle avait fini, elle recommençait : « Je me connais, moi Blanc, je me suis créée assise sur la grande épaisseur !... » etc., etc.; etc.

Est-ce suffisamment navrant ?

Toutes les positions sociales étaient là devant moi, — toutes les passions et toutes les sottises aussi. Il y avait là des ambitieuses et des amoureuses, des Marguerite et des Marneffe, des victimes du jeu et des martyres du cœur, des innocentes et des criminelles, des duchesses de Langeais et des marquises de Sade, — je ne sais plus quoi encore !

Un instant je restai seul. L'interne qui m'accompagnait était en train d'échanger quelques paroles avec la surveillante qui venait de nous ouvrir la porte du jardin. Quelques folles m'entourèrent. L'une me prit le bras, l'autre essaya de m'arracher un bouton. Une troisième me demanda « quelle heure il allait pleuvoir ». Une quatrième allait me demander je ne sais quoi, lorsque la surveillante accourut ; leur parla avec douceur et les força de s'éloigner. Elles s'éloignèrent, mais en grondant, comme des chiens à qui on retire un os.

Il était temps! La sueur commençait à perler sur mon front; je me sentais des frissons dans le dos; mes tempes battaient à se rompre; quelques papillons commençaient à voltiger dans ma tête. Quelques minutes encore, — et je devenais folle!

Après avoir visité les bains, les dortoirs, les cellules, l'infirmerie, — le tout tenu avec une propreté remarquable, — on me conduisit dans la section affectée aux

IDIOTES

C'est une ville à part, enclavée dans cette autre ville qui s'appelle la cinquième division. On la visite encore plus difficilement que cette dernière. Et cela se comprend : l'idiotisme est d'un spectacle plus navrant encore que la folie. La folie prouve la raison, comme la fumée prouve le feu. L'idiotisme, c'est l'absence complète de toute raison, c'est le néant, c'est la nuit. On devient fou, on naît idiot. Une cervelle de fou, c'est une lampe éteinte; une cervelle d'idiot, c'est une lampe que le Créateur a oublié d'allumer, — et c'est un irréparable oubli.

Nous ne pouvions visiter les idiotes avec la même

liberté que les folles. Il fallut entrer au bureau pour demander une surveillante.

Il y avait là, assis tous deux, un père et sa fille, — une grande fille de vingt-cinq ans, qui paraissait n'en avoir que douze ou treize. Le père tenait les mains de son enfant dans les siennes, et il la regardait et il lui parlait avec la tendresse d'une mère, essayant de glisser magnétiquement quelques lueurs dans cette cervelle pleine de ténèbres. « Aime-moi, chérie », — lui disait-il avec des inflexions de voix caressantes, — « aime-moi!... Je suis ton père, ma chérie... je t'aime!... je n'ai que toi au monde... Aime-moi!... je t'en prie!... Tu es ma joie!... tu es ma consolation... tu es ma vie... Aime-moi, mon cher petit ange... le bon Dieu t'en récompensera... »

Ainsi parlait ce père à cette petite fille de vingt-cinq ans, qui ne lui répondait qu'en lui riant au nez d'un gros rire qui se fendait jusqu'aux oreilles.

Lorsqu'elle nous aperçut, elle cessa de regarder son père et de lui rire au nez, pour nous regarder avec une attention — qui me troubla.

Le père eut beau parler, caresser, prier : sa fille, — qui se sentait femme, — le délaissait pour s'occuper d'étrangers. Pauvre homme de père!

J'en avais assez, — j'en avais trop. Ma tête commençait à sonner le fêlé d'une manière inquiétante. Cette atmosphère de folie et de crétinisme m'étouffait; il me semblait que j'étais sous une machine pneumatique et que je servais de sujet d'expériences à M. Trélat, ou à M. Falret, ou à M. Mitivié, ou à quelque autre professeur.

Je remerciai mon guide, je remerciai la surveillante, je remerciai tout le monde, et j'allai retrouver Privat au jardin des Plantes, — où il m'attendait en fumant une cigarette.

MORALITÉ

Madame Eve a mangé une pomme, il y a huit ou dix mille ans; et, depuis ce temps-là, les pepins de cette pomme étranglent, bon an mal an, quelques milliers de femmes.

Madame Proserpine avait mangé un pepin de grenade, lorsque sa mère vint la réclamer; mais, à cause de ce pepin, l'enfer voulut garder sa proie, — et il ne l'a pas lâchée depuis.

C'est l'histoire des folles que j'ai vues l'été dernier : elles ont mangé trop de pepins, — et la Salpêtrière les garde.

Voilà pourquoi votre fille est muette.

LES TROTTOIRS PARISIENS

Le Parisien est un peuple essentiellement ambulatoire, et, si la locomotion n'existait pas, il l'aurait inventée. Il s'extériorise volontiers et pérégrine sans cesse autour de sa forêt de moellons comme l'écureuil autour de sa cage ; il a peu de goût pour les occupations des bonzes et des faquirs, qui tournent leurs pouces en se regardant mélancoliquement le nombril.

Paris est fait pour les turbulences du forum et pour les agitations du carrefour. Les Romains, — ses conquérants et ses initiateurs ; — lui ont inoculé leur fièvre de locomotion. Mais il a renchéri encore à cet endroit, comme à beaucoup d'autres, et je doute fort que les fils de la louve allassent aussi loin — dans cette manie ambulatoire — que les fils du coq gaulois !

Les Parisiens aiment à voir, — et surtout à être vus. Ils sont nés badauds, cokneys, flâneurs et curieux. S'ils devenaient tous aveugles — du jour au lendemain, — ils se brûleraient tous la cervelle de désespoir.

Il suffit de parcourir la grande ville dans tous les sens pour bien comprendre la valeur de ce reproche. Qu'il pleuve ou qu'il grêle, qu'il fasse trop chaud ou trop froid, Paris — aussitôt réveillé — met les deux pieds hors de son logis, et il n'y rentre plus que le soir, le plus tard possible, — quand il y rentre.

Paris a des jardins ombreux — pleins de fleurs et d'oiseaux, de bonnes d'enfants et de guerriers; un fleuve paisible et majestueux — encombré de bateaux à lessive et d'écoles de natation; des quais pittoresques — ornés de bouquinistes et de cochers de fiacre; des rues macadamisées, des trottoirs asphaltés — qu'égayent d'innombrables boutiques de marchands de vins; — tout un monde de curiosités à dévorer, toute une Amérique de petites jouissances à découvrir! C'est pour cela que Paris déserte ses maisons.

Ses maisons sont malpropres à l'intérieur, — tandis que ses rues sont balayées tous les matins. Ses cent mille logis sont humides, malsains et sombres, — tandis que ses places publiques, ses carrefours, ses quais et ses boulevards sont inondés de soleil et de lumière! Tout le luxe est dehors, — toutes les richesses sont en montre, toutes les séductions sont en étalage, — tous les plaisirs font trottoir... Comment rester chez soi, enfermé d'abord entre quatre murs, puis entre trois ou quatre ennuis, — celui de la veille, celui du jour et celui du lendemain?

Aussi est-il facile à tout observateur, — venu d'Allemagne ou d'Angleterre à cette intention, — de constater à l'œil nu les différentes couches de la société parisienne; aussi facile qu'à un géologue de constater les différentes couches de terrains qui forment la croûte de ce pâté monstrueux qui s'appelle le globe terrestre. Car la société parisienne a ses couches inférieures et ses couches supérieures, — ses étages et ses sous-étages, — ses terrains secondaires et ses terrains tertiaires, — son calcaire grossier et ses cailloux roulés, — sa boue et sa porcelaine, — son cuivre et son or! Sa carte d'échantillons est riche et variée : il y en a là pour tous les goûts et pour tous les appétits. Cherchez et trouvez! Baissez-vous et ramassez! mais prenez garde de vous salir — ou de vous blesser.

Si vous voulez bien me suivre dans cette ambulation à travers Paris, nous commencerons par

LE TROTTOIR DE LA RUE SAINT-JACQUES

J'ai un faible d'enfant, de collégien et d'amoureux pour ce trottoir-là. Fouillez dans tous les tiroirs de votre mémoire et de votre cœur, et vous y trouverez ces souvenirs et ces parfums-là, — vous aussi!

Je parle du milieu de la rue Saint-Jacques, — de cette portion de pavés et d'asphalte qui commence à la rue des Noyers pour finir à la rue Royer-Collard. La rue a là, en effet, une physionomie différente, et le trottoir un aspect particulier.

Le revoyez-vous avec moi, ce petit trottoir, avec ses nombreuses solutions de continuité? Il est incessamment battu par des jambes fines, revêtues d'un bas bien blanc et terminées par de mignonnes bottines de cinquante-neuf sous, —. en coutil gris ou en lasting. Oh! ces bottines-là se mettent à danser des entrechats insensés dans ma cervelle! Je les revois trottant menu sur cet asphalte boueux, — comme de petites souris blanches à museau noir! Mes souliers lacés de collégien les suivent impétueusement; puis timidement, puis ils s'arrêtent confus, parce que les bottines se sont retournées de trois quarts pour savoir ce que leur voulaient ces souliers audacieux... Ah! les jolies jambes que vous aviez à porter, — petites bottines de cinquante neuf sous! Ah! comme vous aviez tressailli d'effroi, puis d'aise, puis d'autre chose, — ô mes pauvres chers souliers lacés d'autrefois! Si je n'avais pas été si honteux, alors, je vous aurais précieusement conservés dans un coin de ma chambre, sur une étagère quelconque, — comme on conserve des témoins éloquents et des souvenirs chers! Et vous aviez été plus que des témoins, — ô mes pauvres souliers mal cirés, — vous aviez été des acteurs! Vous rappelez-vous les bottines à cinquante-neuf sous de Mariette la Brune?... O mes seize ans! O mes bas bleus! O mes mains rouges! O mon cœur! O rue Saint-Jacques! O mansarde de l'*Hôtel de la Paix!*

Je ne sais pas si la grisette a existé. Je crois que c'est un merle blanc de l'invention de M. Paul de Kock et d'Alfred de Musset, — le chastre adorable et adoré après lequel ont couru tous les chasseurs de vingt ans. Ce n'est pas de la grisette que je parle. Je parle de l'humble fille en robe d'indienne, en bonnet de linge, en bottines à cinquante-neuf sous, qui sera demain l'arrogante fille en robe de moire antique, en chapeau de paille de riz, en cachemire-Biétry — et en tout ce que vous voudrez de cher et de voyant. Je ne sais pas si Mariette m'aimait, — je ne le crois pas, — mais je sais bien que je l'ai aimée pendant beaucoup d'heures! Ah! j'ai perdu la montre d'or qui sonnait ces heures enchantées! Je l'ai perdue sur le trottoir de la rue Saint Jacques, et c'est vous qui l'avez trouvée, — jeunes porteurs de képis du collége Louis-le-Grand! Gardez-la et ne la faites pas sonner trop fort ni trop souvent — de peur de la casser, cette montre précieuse qui sonne les heures roses de l'amour et du bonheur. Et quand vous vous en serez servis, perdez-la, à votre tour, sur le même trottoir, — pour que d'autres porteurs de képis et de souliers mal cirés la trouvent à leur tour!

Vous avez compris, n'est-ce pas, — ô lecteurs qui

avez eu dix-huit ans! — que ces souliers-là sont la réserve de l'avenir?

C'est à ces souliers-là que M. de Rambuteau, préfet de la Seine, a dit chaque année : « Jeune homme, vous irez loin, car l'avenir est à vous. »

C'est de ces souliers-là que le préfet des études a dit si souvent, comme les professeurs jésuites de Prosper Jolyot de Crébillon : *Puer ingeniosus, sed insignis nebulo!...*

Les uns seront avocats, — les autres médecins, — ceux-ci peintres sur porcelaine, — ceux-là banquiers, — le reste ce qu'il voudra, ou ce qu'il pourra. Toutes les positions sociales sont dans ces souliers-là.

Quant aux petites bottines à cinquante-neuf sous, lorsqu'elles ont dépensé leurs chansons, leurs seize ans, leur tendresse, leur fraîcheur, leur vertu et leur insouciance sur le trottoir de la rue Saint-Jacques, elles s'envolent vers le pays où les billets de banque fleurissent, et elles s'abattent sur

LE TROTTOIR DE LA RUE RICHELIEU

C'est la rue des affaires et des plaisirs ; elle aboutit d'un côté au boulevard et de l'autre au Palais-Royal. Aussi ses trottoirs sont-ils incessamment foulés par des bottes vernies venues des quatre points cardinaux du monde. Nobles étrangers, non moins nobles provinciaux, qui foulez d'une semelle impatiente l'asphalte-Seyssel de la rue Richelieu, — c'est pour vous que chaque soir, à la clarté des étoiles et des becs de gaz, trottine cette armée de bottines en satin turc, de la rue Villedo à la rue Neuve-des-Petits-Champs, et de la rue d'Amboise au boulevard des Italiens !

Ah ! que ces bottines de seize francs disent de choses à ce bitume qu'elles piétinent pendant quelques heures ! Elles racontent bien des misères, bien des mélancolies — et bien des turpitudes. Ah ! si elles pouvaient parler tout haut, elles vous raconteraient leur odyssée romanesque et affligeante : elles vous diraient peut-être qu'elles sont bien fatiguées ! Et les pieds roses qu'elles emprisonnent finiraient aussi, sans doute, par vous avouer qu'ils se sont meurtris à courir après je ne sais quoi et qu'ils regrettent bien le temps des modestes bottines en coutil gris !

Pour moi,

« L'homme du calme et des visions chastes, »

je ne fais pas grand cas de ces gravures de mode ambulantes — qui séduisent si facilement d'ordinaire les imaginations des nobles étrangers et des non moins nobles provinciaux. Ce sont des chasseresses trop peu Dianes pour que je me laisse griser par les promesses fallacieuses de leurs crinolines. Je raisonne à leur endroit à peu près comme feu Bilboquet à l'endroit de cette carpe merveilleuse que vous savez. « J'ai vu tout à l'heure au marché, disait-il, une carpe superbe, fraîche comme mon œil et d'un embonpoint appétissant. Cette carpe me plaît... je l'achèterai la semaine prochaine !... » Il y a cette différence, toutefois, — entre Bilboquet et moi, — que je n'achèterai jamais les carpes de la rue Richelieu.

Ce trottoir-là ne vaut pas, pour moi,

LE TROTTOIR DU BOULEVARD MONTPARNASSE

Ce trottoir n'est pas bitumé, mais il est planté de tilleuls centenaires pleins d'ombre et de gaieté, — au printemps.

Dans la semaine, il est battu par les pieds impotents de quelques invalides de la vie, — ou par les pieds tranquilles de rêveurs et de poëtes ; — ou par les pieds furtifs et discrets d'amoureux, — ou par les pieds désespérés des vivants qui vont reconduire des morts...

Le matin, ce trottoir est envahi par les jardiniers du cimetière, qui placent sur leurs brouettes les fleurs que les parents inconsolables sont censés mettre eux-mêmes sur la tombe de leurs enfants, — ou de leurs amis.

Le soir, le silence est coupé de distance en distance par des chants d'ivrognes qui reviennent de la barrière, — ou par des baisers d'amants qui reviennent du pays radieux de l'Amour. Laquelle de ces deux ivresses-là préférez-vous aujourd'hui, lecteurs ? Hélas ! elles sont presque sœurs. L'une contient l'autre ! Et souvent, c'est lorsqu'on est dégrisé de l'amour qu'on se grise de vin bleu !

Mais un trottoir un peu moins solitaire que ce trottoir du boulevard Montparnasse, c'est

LE TROTTOIR DU PONT-NEUF

Tout l'univers connu y a passé, y passe — ou y passera !

On ne compte pas les étoiles, — non plus que les sables du désert. On compterait encore moins les pas humains qui battent dans une journée le pavé du Pont-Neuf ! Si l'on fermait tout d'un coup les deux issues de cette voie banale, on pourrait sans remords supprimer le reste du monde : on trouverait là de quoi le repeupler avec les mêmes vices et avec les mêmes vertus, avec les mêmes costumes et avec les mêmes habitudes, avec les mêmes mœurs et avec les mêmes visages.

On aurait là, en effet, un spécimen double de

toutes les variétés de la race humaine, — une sorte d'arche de Noé appliquée à ce bipède orgueilleux qui a tant de dédain pour les quadrupèdes, à ce bimane affreux qui se permet de railler la laideur des quadrumanes ! Rien n'y manquerait, j'en suis sûr. On pourrait instantanément reconstruire une société civilisée avec ses pontifes, ses magistrats, ses guerriers, ses vierges, ses poëtes, ses artistes, ses parasites, ses travailleurs et ses courtisanes. On n'aurait que l'embarras du choix !

Mais, avant d'arriver au trottoir de la rue de Richelieu, les bottines de seize francs, — les bottines de cinquante-neuf sous d'autrefois ! — ont honoré de leur semelle élégante

LE TROTTOIR DE LA RUE DES MARTYRS

C'est le trottoir de Marivaux. On y joue tous les jours cette comédie quintessenciée qui s'appelle *Les Jeux de l'Amour et du Hasard*, — en robe de mousseline et en redingote, au lieu de la jouer avec des mouches, des pompons « et toutes les fanfioles de la toilette » du dix-huitième siècle. Ce sont les héroïnes de Crébillon le fils et les modèles de Boucher qui passent sur ce trottoir-là. Ce ne sont pas des femmes, — ce sont des nuits.

Quels sont les martyrs de cette rue? Je n'ose le dire, — peut-être parce que je ne sais pas au juste. Il y a encore un peu d'amour vrai au fond de ces petites bottines de cinquante-neuf sous qui battaient des entrechats capricieux sur le trottoir de la rue Saint-Jacques. C'est si difficile à détacher du cœur, l'amour! — aussi difficile que la perle de sa coquille. La perle est la maladie de l'huître, l'amour est la maladie du cœur, — et le cœur aime à rester longtemps malade!

Et puis encore, lorsque toutes les moissons amoureuses ont été faites, il y a souvent des regains presque aussi riches que les premières moissons. Ne désespérons jamais de la femme. Elle a, dans le fond de ses entrailles, des gisements aurifères qui peuvent enrichir plus d'un chercheur au moment le plus inattendu. La femme est un Sacramento plein de fantaisie, — qui charrie autant d'or que de cailloux!

Mais tout cela ne nous apprend pas quels sont les martyrs de ce trottoir de la rue des Martyrs. Est-ce Lucien de Rubempré? Est-ce M. Camusot? Il est sans cesse descendu par une foule charmante de Coralies et d'Esthers, d'actrices et de danseuses, de figurantes et de torpilles d'occasion. C'est plaisir à les voir marcher sur ce bitume, la robe retroussée lestement, d'un côté, jusqu'au genou, de façon à laisser étinceler au soleil une jambe fine et nerveuse comme celle d'un cheval arabe, pleine de frémissements et d'impatiences adorables, et terminée par un brodequin d'une élégance irréprochable ! On ne s'occupe pas de la moralité de ces jambes-là ! On ne demande pas leur passe-port à ces mignonnes bottines à talon qui font le pied si cambré et si aristocratique ! Ce sont peut-être des jambes de criminelles et des bottines de coupables : on n'en sait rien, on n'en veut rien savoir. Ce qu'on veut, c'est aller où elles vont, au bois de Boulogne ou dans la forêt de Bondy, aux Tuileries ou ailleurs, — pourvu que ces chemins-là vous conduisent dans leur cœur et dans leurs bras !

C'est un sérail qui passe là, toute la journée, sur le trottoir de la rue des Martyrs — et aussi sur le trottoir de la rue Notre-Dame-de-Lorette ; un sérail dont M. le baron de Nucingen est le sultan, mais dont Lucien de Rubempré est le favori.

C'est là que s'épanouit et vit — au hasard de la fourchette et de l'amour — ce monde interlope qui a fourni tant de types charmants à Gavarni : le monde des gaspilleuses et des partageuses, ces femmes dont on pourrait dire qu'elles avalent un homme comme elles avalent une huître.

Vous rappelez-vous les légendes des *partageuses* de Gavarni ?

Camusot est dans le boudoir de Coralie. Elle lui gratte le front, comme on fait à un perroquet riche, — et lui dit entre deux baisers dont elle ne pense pas un mot :

« *Et vous, garnement, si on vous redemandait toutes les illusions qu'on vous a données ?* »

Coralie est chez une amie. Toutes deux fument, causent et rient ; elles rient des gens dont elles causent. Ecoutez :

« *Ma chère, les hommes... c'est farce !... toujours la même chanson !... Une femme à soi seul ! Toqués !... toqués !...* »

N'est-ce pas elle encore qui dit à une autre de ses amies, — plus jeune et plus naïve qu'elle, sans doute :

« *Ah ! je te prie de croire que l'homme qui me rendra rêveuse pourra se vanter d'être un fameux lapin !...* »

Mais tout n'est pas rose et billets de mille francs dans l'existence phosphorescente, fulgurante, abracadabrande de ces adorables drôlesses qui portent leurs vingt ans sans le moindre corset ! Leur vie décousue, — comme la plupart de leurs robes, à de certaines heures, — leur vie décousue est pleine de revers de médailles et de lendemains sans gaieté. Ces séduisantes petites chattes ont beau jouer avec la passion comme avec une souris, il arrive un moment où la souris les mord, — le moment où Camusot, le *Monsieur*, dit à Paméla, qui le menace de ne plus l'aimer et de n'aimer que son Arthur :

« *Ne plus m'aimer, Paméla ! mais c'est un luxe que vos moyens ne vous permettent pas !* »

A ce moment-là la lorette doit avoir quelques cheveux blancs quelque part, n'importe où, sur les tempes ou ailleurs. Elle vieillit! Où vont les lorettes vieillies? Que deviennent ces belles amoureuses? Où sont ces folles adorées?

« Mais où sont les neiges d'antan!... »

On en rencontre sur

LE TROTTOIR DE LA RUE SAINT-DENIS

Le trottoir le plus bruyant, le plus étroit, le plus sale, peut-être, de tous les trottoirs parisiens.

Que font-elles sur ce trottoir, ces aimables anges beaucoup trop déchus? Elles font leur marché, ou celui de leur maître, ou celui de leur mari. Car elles se marient quelquefois, souvent même, beaucoup plus souvent qu'on ne croit, — et à une véritable mairie!

Très souvent aussi elles ne se marient pas. Le mariage les fuit, ou elles fuient le mariage. On en coudoie parfois, sur le trottoir de la rue Saint-Denis, qui n'ont plus rien de leurs anciennes splendeurs. Elles ne sont plus habillées de soie, de velours ou même d'indienne; elles sont drapées dans des ficelles! Ce ne sont plus des femmes, ce sont des haillons.

Écoutez-les, ces invalides de l'amour ! En voilà une qui s'écrie :

« *Mon dernier caprice m'a cassé trois dents !* »

Vous entendez, trois dents ! C'étaient peut-être ses dernières ! Comment fera-t-elle maintenant pour manger son pain ?

En voilà une autre, plus lamentable encore, qui murmure, désespérée :

« *Les poëtes de mon temps m'ont couronnée de roses, et, ce matin, je n'ai pas eu ma goutte... et pas de tabac pour mon pauvre nez !...* »

Fouillez un peu dans votre poche, lecteur, en sortant de chez Bordier ou de chez Baratte, où vous avez fait *nopces* et *festins* avec votre Mimi, — fouillez dans votre poche et tirez-en le plus de billon que vous y trouverez, pour le donner à cette mendiante qui vous offre des allumettes. Des allumettes, c'est encore du feu ; les lorettes sont vestales jusqu'au bout, comme vous voyez. Elle vous dira tout bas, en vous soufflant dans le nez son haleine alcoolisée :

« *Mon charitable monsieur, que Dieu garde vos fils de mes filles !* »

Cette vieille sordide ne pourrait-elle pas dire aussi :

« *Que Dieu garde vos filles de mes fils ?...* »

Les unes perdent les autres, c'est vrai ; mais ceux-ci perdent plus encore celles-là !

Quant aux Arthurs de ces dames, on les retrouve, eux, sur

LE TROTTOIR DU BOULEVARD DU TEMPLE

N'est-ce pas le trottoir du *boulevard du Crime*? Et n'ont-ils pas été un peu criminels, ces Desgrieux en carton, ces Lucien de Rubempré d'occasion, ces Antony en blouse bleue et en pantalons de velours?

Que font-ils là, ces vieux qui ont été des jeunes, ces invalides qui ont été des conquérants?

Ce qu'ils font? Le matin, dès l'aube, ils enlèvent les boues déposées la veille, sur ce trottoir, par les pieds de la foule. Le soir, ils ouvrent les portières des voitures, vendent des contremarques, ou se vendent eux-mêmes, quand l'occasion s'en présente, pour quelques-unes de ces expéditions où l'on a besoin de complices pour faire le guet.

Il fait de bien vilains métiers, ce vilain homme qui a été autrefois un bel homme! Quelquefois aussi ce vilain homme est un vilain philosophe, qui moralise après avoir démoralisé : Thomas Vireloque, par exemple, — le Thomas Vireloque de Gavarni. Tout à l'heure, sur ce large trottoir du boulevard du Temple, des enfants jouaient à la toupie et au sabot. Ils se battent ; Thomas Vireloque les regarde et s'écrie en ricanant :

« *Misère et corde! jeune enfance : c'est déjà des histoires pour des toupies!* »

Quelquefois aussi ce n'est pas là que viennent échouer ces naufragés de l'amour. Tous ne sont pas misérables à ce point, et beaucoup, en faisant leurs affaires de cœur, savent encore faire d'autres affaires qui leur permettent de se promener de long en large, bien habillés, pendant le jour, sur

LE TROTTOIR DU BOULEVARD DES ITALIENS

Ils sont boursiers, courtiers-marrons, loups cerviers, — n'importe quoi enfin qui sente l'argent et qui l'attire. Ce sont les amoureux de Mademoiselle la pièce de Cent sous! Ce sont les domestiques de Monseigneur le billet de Mille francs! Ce ne sont plus des hommes, — ce sont des porte-monnaie.

Ne parlez pas à ces gens-là de *Gloire* ou de *Victoire*, de *Guerriers* ou de *Lauriers*, de *Succès* ou de *Français*, de l'art ou de la littérature, de Rossini ou de Victor Hugo. Ils ne connaissent, en fait de musique, que celle des napoléons, et, en fait de littérature, que celle du *Cours de la Bourse*.

Ils s'enrichissent quelquefois, ces honnêtes gens-là; le plus souvent ils se ruinent et, après s'être ruinés, ils se pendent.

Qu'est-ce que cela nous fait?

LA CALIFORNIE

I

On ne pouvait choisir une plus violente antithèse, — d'autant plus violente lorsqu'on sort de la lecture du *Satyricon* de Pétrone et qu'on vient d'assister aux plantureuses goinfreries du festin de Trimalchion.

Les deux ripailles forment pendants, et l'on pourrait les accrocher aux murs d'une salle à manger, — comme on fait des *Gras* et des *Maigres* de Breughel-le-Vieux. Ce sont les deux extrémités de la vie sociale se rencontrant dans la satisfaction d'un besoin commun, avec des manifestations diamétralement opposées : c'est l'humanité en passe de se gaver!

Vous vous rappelez, n'est-ce pas, ces pages du grand satirique où grouille dans toute sa hideur et dans toute sa monstrueuse débauche cette société romaine invitée au gigantesque prandion de Trimalchion-le-Magnifique? Vous revoyez ces courtisans et ces courtisanes, ces parasites et ces baladins, ces philosophes et ces mignons, ces libertins et ces eunuques, accourus là comme une meute affamée, — signal de cet ancien portefaix devenu porte-richesses, qui, en roulant de boue en boue, d'immondices en immondices, de bassesses en lâchetés, a trouvé moyen d'amasser des millions de sesterces?

Tout est en or chez cet insolent parvenu, chez ce Sardanapale bourgeois, chez ce gueux considéré parce qu'il a un avoir considérable. Tout est en or, — depuis le collier du chien jusqu'au collier du maître, depuis le portier jusqu'au giton, depuis la niche jusqu'à la salle à manger. On entre, et, sous le vestibule, on rencontre d'abord le concierge, fonctionnaire traditionnel, habillé de vert et ceint d'une écharpe de soie cerise, en train d'écosser des pois dans un plat d'or. Au-dessus de la loge de cet animal domestique est accrochée une cage d'or, renfermant un oiseau que depuis ont adopté tous les portiers, — je veux dire une pie, — et qui donne le bonjour aux conviés à mesure qu'ils entrent dans ce palais du roi Million. A côté de la loge, un énorme dogue, enchaîné avec des chaînes d'or, est peint sur le mur, avec cette inscription, — qui est une aimable plaisanterie, puisque le molosse ne peut mordre : CAVE. CAVE. CANEM. Plus loin, des fresques — où l'or domine naturellement — représentent les différents épisodes de la vie de ce fastueux parvenu qui ne sait comment dépenser ses as, ses deniers et ses nummes ; une fresque, entre autres, montre les trois Parques filant sa destinée avec des fuseaux d'argent et des fils d'or. Tout est en or, tout, — excepté cependant les mets que mangent les invités.

Quels mets ! quels plats ! quels ragoûts !

Trimalchion, le crâne couvert d'un voile, le corps couvert d'une robe de pourpre, ayant au cou une serviette bordée d'écarlate, au bras un bracelet d'ivoire lamé d'or, aux dents un stylet d'argent, — donne l'ordre d'enlever le premier service, — ce qui se fait au son des instruments. Ce premier service ne compte pas ; c'est pour mettre les convives en appétit, c'est l'*antecœna*, — c'est l'absinthe. On va manger plus sérieusement tout à l'heure, — et plus sérieusement aussi boire. Des esclaves égyptiens font circuler le pain dans des fours d'argent. Des valets apportent des becfigues tout préparés dans des œufs de paon ; d'autres, des porcs entiers remplis de saucisses et de boudins tout cuits ; d'autres, des surmulets nageant dans une sauce de garum poivré ; d'autres, des sangliers dont les flancs entr'ouverts laissent envoler des essaims de grives ; d'autres, des volailles grasses, excessivement grasses, presque aussi grasses que Trimalchion ; d'autres, autre chose. Le tout plantureusement arrosé de tonneaux de vin miellé et de flacons de Falerne centenaire, — un Falerne du temps du consulat d'Opimius !

Quant aux assiettes dans lesquelles on sert ces savoureuses choses, ai-je besoin de dire en quelle porcelaine elles sont? Une porcelaine qui porte gravés le nom du maître et le poids et le titre du métal! Une porcelaine qui se bossue en tombant, et que d'ailleurs on ne ramasse pas, — Trimalchion la faisant balayer avec les autres ordures!...

Ah! c'est que cet homme chauve, vieux, laid et bête, possède des terres d'une si grande étendue, qu'un milan ne pourrait les traverser d'un vol! C'est que l'or est en monceaux dans ses chambres comme le blé dans ses champs après la moisson! C'est que le nombre de ses esclaves est si grand que la dixième partie d'entre eux ne le connaît même pas! C'est que tout ce qu'on peut imaginer croît dans ses domaines, et qu'au lieu de rien dépenser il ne peut qu'amasser, amasser toujours, amasser sans cesse, joindre un million à un million, et un milliard à un milliard, — ce Trimalchion de Carabas!

Et voulez-vous savoir par quels sentiers, par quelles sentines plutôt, il a dû passer pour arriver à cette colossale prospérité? Tenez, il va vous le dire lui-même, car il n'est pas fier, Trimalchion, — et de plus il est ivre. Il a envoyé une coupe d'or à la tête de Fortunata, la digne guenon de cet abominable singe, et, comme elle se plaint parce qu'elle est blessée et que son sang coule, il s'écrie :

— « Tu oublies donc le moulin d'où je t'ai tirée,

misérable?... L'ambition te gonfle comme la grenouille, mais tu te craches sur le nez!... Va! va! j'aurai soin de te rogner les ongles; tu sauras comment je m'y prends ! Je me suis cuirassé l'estomac de bon vin, et je dis au froid : Va te promener!... Je te le dis aussi à toi, mégère! Crains mon courroux!... Tu dois me connaître : ce que j'ai résolu de faire, je le fais, rien ne m'en empêche!... Laissez-la, mes amis, ne vous occupez plus d'elle... Laissez-moi causer avec vous... Je me suis vu, mes amis, aussi gueux que vous autres... Mon adresse m'a tiré d'embarras... C'est le cœur qui fait l'homme... J'achète bien, je vends encore mieux....Mon bonheur me fait tressaillir d'aise, et voilà que tu pleures, mauvaise bête! Mais je te donnerai bientôt des sujets légitimes de larmes, misérable!... Je n'ai pas toujours été ce que je suis aujourd'hui, mes amis. Je n'étais pas plus haut que ce giton lorsque j'arrivai d'Asie... Je ne passais pas un jour sans me frotter les joues avec l'huile que je dérobais aux lampes, afin de me faire pousser la barbe... C'est ainsi que, petit à petit, par ma docilité, par mon savoir-faire, je gagnai la confiance et les bonnes grâces de mon maître, qui me laissa, en mourant, une grande partie de sa succession... Son opulence eût satisfait un sénateur; moi, cela ne me satisfit pas... On ne saurait avoir trop de biens... Je me jetai donc dans le commerce pour augmenter ceux qu'on m'avait laissés... Je fis construire cinq vaisseaux; le vin était rare, j'en composai leur cargaison et les envoyai à Rome, d'où ils ne revinrent pas, ayant sombré... Neptune, dans un seul jour, m'avait englouti deux millions de sesterces! Un autre aurait été consterné; je ne le fus pas et je ne songeai qu'aux moyens de réparer ma perte... Je fis construire d'autres navires plus grands que les premiers, et qui mirent à la voile sous de plus heureux auspices... Ce fut alors que Fortunata fit son devoir, pourquoi ne le dirais-je pas? Elle vendit ses bijoux et ses habits et m'apporta sept cents pièces d'or. Cet argent fut le levain de ma prospérité : les Dieux le firent fermenter, et cette première course me rendit deux millions de profit. J'acquis la réputation d'un homme ferme et habile... Je rachetai les terres que mon maître avait possédées. Je fis bâtir un palais. Je devins maquignon... Tout ce que je touchais se convertissait aussitôt en or, et mon bien s'arrondissait comme un rayon de miel... Je ne tardai pas à avoir entre les mains des fonds assez considérables pour acheter une province... Je me mis alors à prêter à usure, et je me retirai du commerce... Il m'arrivera bientôt une succession... j'y compte... et si je parviens à réunir sous ma main tout le domaine de la Pouille, je me trouverai assez riche... Croyez-moi, mes amis, ayez un million pour valoir un million... Un as vous avez, un as vous valez; avoir considérable, homme considéré... J'ai été grenouille, je suis aujourd'hui taureau... »

C'est qu'il le dit ainsi, ce misérable millionnaire : *assem habeas, assem valeas ; habes, habeberis !* Qui n'as pas n'est pas ! C'est le proverbe des Italiens *Chi non hà non è.*

II.

Maintenant, fermez vos yeux éblouis par les splendeurs du palais de ce parvenu — qui traitait si *famillionnairement* ses convives, — et rouvrez-les, à dix-huit siècles d'intervalle, sur cette immense et sordide mangeoire qui s'appelle la CALIFORNIE.

Quand ont sort de Paris par la barrière Montparnasse, — cet ancien chemin des « escholiers, » — on a devant soi une Gamaches permanente, c'est-à-dire une collection aussi variée que nombreuse de cabarets, de popines, de gargotes et autres buvettes : les *Mille Colonnes, Richefeu,* les *Deux-Edmond,* le *Grand Vainqueur,* etc., etc.

En prenant le boulevard à droite, on longe rapidement quelques maisons jaunes, à persiennes vertes, à physionomie malsaine et débraillée qui remplacent par de gigantesques numéros le classique Dieu des jardins ; puis on arrive à une allée boueuse, bordée d'un côté par un jeu de siam, et de l'autre côté par une rangée de vieilles femmes qui débitent, moyennant un sou la tasse, une façon de brouet noir qu'elles voudraient bien faire passer pour du café. C'est l'*Estaminet des pieds humides*, — ainsi nommé parce que les gens qui le hantent ont l'habitude de s'asseoir perpendiculairement, comme des I et non comme des Z.

Au bout de cette boue est la Californie, c'est-à-dire le réfectoire populaire et populacier de cette partie de Paris.

La Californie est enclose entre deux cours. L'une, qui vient immédiatement après le passage dont nous venons de parler, et où l'on trouve des séries de tables vermoulues qui servent aux consommateurs dans la belle saison. On l'appelle orgueilleusement « le jardin, » je ne sais trop pourquoi, — à moins que ce ne soit à cause des trognons d'arbres qu'on y a jetés à l'origine, il y a une dizaine d'années, et qui se sont obstinés à ne jamais verdoyer. L'autre cour sert de vomitoire à la foule qui veut s'en aller par la chaussée du Maine.

Le réfectoire principal est une longue et large salle, au rez-de-chaussée, où l'on ne pénètre qu'après avoir traversé la cuisine, où trône madame Cadet, — la femme du propriétaire de la *Californie*. Là sont les fourneaux, les casseroles, les marmites, tous les engins nécessaires à la confection de la victuaille.

Avant d'aller plus loin, avant de faire connaissance avec les mangeurs, disons un mot des mangés, —

c'est-à-dire de la consommation de cet étrange établissement.

Parlons en chiffres, — comme la musique Galin-Pâris-Chevé. C'est plus éloquent que des phrases.

Il est inutile de faire observer que la Californie n'a pas les ressources culinaires et gastronomiques des Frères Provençaux, et que l'agréable y est sacrifié à l'utile. Les châteaubriand y sont aussi inconnus que la purée-Crécy, la purée d'ananas et les saumonneaux du Rhin. La cuisine de la Californie a affaire à des estomacs robustes et à des palais ferrés, — et non à des gourmets et à des délicats. Tels gens, tels plats. Le populaire ne connaît qu'une chose : le « fricot. » On lui sert du fricot, — sous les espèces du bœuf, du veau, du mouton et des pommes de terre.

Voici donc ce qu'on consomme à la Californie :

5,000 portions par jour, découpées dans un bœuf, dans plusieurs veaux et dans plusieurs moutons.

8 pièces de vin, — pour aider ces 5,000 portions à descendre là où faire se doit.

1,000 setiers de haricots par an.

2,000 setiers de pommes de terre, — 132 kilogr. au setier.

55 pièces de vinaigre d'Orléans — ou d'ailleurs.

55 pièces d'huile à manger, dans la composition de laquelle le fruit de l'olivier n'entre absolument pour rien. (Peut-être qu'Adolphe Bertron, en revanche, y est pour quelque chose, lui qui, tout en s'occupant

de ses affaires comme *candidat humain*, s'est occupé des affaires de l'humanité en inventant une « excellente » huile à manger — faite avec les boues de Paris!...)

Le reste est à l'avenant.

Que si, maintenant, vous me demandez en quoi consistent ces portions et si elles sont appétissantes, je vous enverrai expérimenter la chose vous-même, — parce qu'il est assez délicat de se prononcer en pareille matière. Que si, cependant, vous me poussiez trop vivement, je vous répondrais que pour entrer dans ces hôtelleries de bas étage, il faut avoir nécessité bien urgente de se repaître, c'est-à-dire avoir les dents aiguës, le ventre vide, la gorge sèche et l'appétit strident. J'ai vu des gens se lécher les doigts et se pourlécher les lèvres après avoir ingéré le fameux plat Robert, — qui n'est pas autre chose qu'un « arlequin » à la sauce piquante, un *satura lanx* haut en saveur. Mais aussi j'ai vu d'autres gens sortir de là comme on sort du souper de madame Lucrèce Borgia, et jurer tous leurs dieux qu'on ne les y reprendrait plus. Faites un choix à présent!

En tout cas, on ne saurait se montrer exigeant — vu la modicité du prix des plats. Savez-vous que pour huit sous on peut dîner — et même copieusement — à la Californie?...

D'ailleurs aussi les convives de la *Californie* ne sont pas ceux du palais de Trimalchion.

III.

Au milieu du festin de ce millionnaire romain, on conte des histoires, on soutient des controverses, — on se grise avec de la salive après s'être grisé avec du Falerne opimien.

— « Un pauvre et un riche étaient ennemis...» — commence un convive.

— « Un pauvre ? » — interrompt Trimalchion avec étonnement. « Qu'est-ce qu'un pauvre ? » ajoute ce « taureau, » qui ne se rappelle plus qu'il a été « grenouille » — ou, pour mieux parler, crapaud.

— « Ah ! charmant ! charmant ! charmant ! » — s'écrient de toutes parts les parasites, les repus, les satisfaits, les complaisants, les flatteurs, les lâches.

Si Trimalchion était entré dans l'immense réfectoire de la *Californie,* il se serait répondu à lui-même — et avec effroi.

Il y a là, en effet, — en train de lever le coude et de jouer des badigoinces, — la plus riche collection de porte-haillons, de loqueteux et de guenillons qu'il soit possible d'imaginer. Rembrandt et Callot en eussent tressailli d'aise. Ce sont les malandrins, les francs-mitoux, les truands, les mercelots, les argotiers, les sabouleux et autres « pratiques » du XIXe siècle. Société mêlée s'il en fut jamais ! Le pauvre honnête y coudoie le rôdeur de barrières, l'ouvrier laborieux y fraternise avec le « gouâpeur, » le soldat y trinque avec le chiffonnier, l'invalide avec le tambour de la garde nationale, le petit rentier avec la grosse commère, le cabotin avec l'ouvreuse de loges. C'est un tohu-bohu à ne pas s'y reconnaître, un vacarme à ne pas s'y entendre, une vapeur à ne s'y pas voir ! Diogène, ce sont tes fils, ces gueux !

Les physionomies y sont aussi incohérentes que les costumes, — et la langue qu'on y parle est à la hauteur du « fricot » qu'on y mange. C'est là que j'ai appris, entre autres bizarreries, les dix ou douze manières d'annoncer la mort de quelqu'un : « Il a cassé sa pipe, — il a claqué, — il a fui, — il a perdu le goût du pain, — il a avalé sa langue, — il s'est habillé de sapin, — il a glissé, — il a décollé le billard, — il a craché son âme, etc., etc. » Montaigne eût aimé cet argot pittoresque, cette langue expressive et imagée, lui qui disait : « Le parler que j'aime, tel sur le papier qu'à la bouche, c'est un parler succulent et nerveux, court et serré ; non tant délicat et peigné, comme véhément et brusque ; plutôt difficile qu'ennuyeux ; déréglé, décousu et hardi : chaque lopin y fasse son corps ; non pédantesque, mais plutôt soldatesque, comme Suétone appelle celui de Jules César. » Montaigne eût été content d'entendre « balancer le chiffon rouge » dans la grande salle de la Californie, — mais je doute fort qu'il eût été content d'autre chose. Le pittoresque a son charme — à distance !

Dans toutes ces conversations qui se croisent comme des feux de pelotons, et qui entrent autant dans les assiettes que dans les oreilles, il y a des notes malhonnêtes et des accents obscènes, qui détonnent au milieu des clameurs générales, — de même que, quelquefois, certaines notes honnêtes, certains accents candides détonnent au milieu de ce diabolique charivari. Cela dépend des jours et des heures. Avec un lambeau d'une de ces conversations-là, on reconstruirait facilement un des individus qui y prennent part, — tant le style sent l'homme, tant la caque sent le hareng, tant la parole se ressent du métier que l'on fait!

IV.

Ne croyez pas que j'exagère à plaisir et que j'embrunisse à dessein le tableau. *All is true*, — comme dit le vieux Shakespeare, qui, lui non plus, n'aurait pas dédaigné cette truandaille pour la placer dans ses drames, parmi ses gueux enluminés d'eau-de-vie et ses filles de joie enluminées d'amour, les uns en pourpoints de drap couleur de misère et les autres en robes de taffetas couleur de feu. S'il y a là des chômeurs du lundi, des rigoleurs, des amis des franches lippées, des ouvriers pour de vrai, de braves artisans à calus et à durillons, en train de se désaltérer un brin, il y a aussi de faux ouvriers, des artisans en paresse, des misérables qui laissent pousser, le plus long qu'ils peuvent, le poil qu'ils ont dans la main. Gibier d'hôpital peut-être, les uns ; gibier de prison, à coup sûr, les autres.

Ainsi, il n'est pas rare de voir arriver dans cette bruyante hôtellerie, toujours pleine, un patron en quête d'ouvriers. Il croit, il a le droit de croire qu'il en trouvera là, au milieu de cette plèbe bariolée qui se paffe de ce vin bleu et se gave de « fricot. » Il s'avance, il s'arrête devant une table, puis devant une autre, et crie à plusieurs reprises, de sa voix la plus claire, de façon à dominer la tempête : « Qu'est-ce qui veut travailler, ici ? » PERSONNE NE RÉPOND, — parce qu'au lieu de s'embaucher, ces aimables fainéants aiment mieux se débaucher...

Je serais mal venu, assurément, d'essayer d'esquisser, après Léopold Flameng, les types multiples qui composent cette foule. La plume, malgré sa prolixité, est moins éloquente que le crayon. Un coup de pointe sur le cuivre, et voilà une physionomie d'esquissée, et à côté de celle-là cinquante autres — qui, toutes, ont leur valeur, leur accent, leur originalité. Je ne puis que constater l'exactitude de son dessin et la véracité de son *récit*. Il raconte bien ce qu'il a vu et ce qui est visible tous les jours à l'œil nu, — depuis neuf heures du matin jusqu'aux dernières heures de la journée. Allez-y demain, allez-y après-demain, — vous y rencontrerez les mêmes acteurs jouant la même pièce : elle est encore au répertoire pour longtemps !

Mais avant de laisser là cette question *de tabernis, cauponis et popinis*, je veux signaler à Flameng un type qu'il a oublié et qui existe parmi les habitués de la Californie. C'est ce petit voyou — « jaune comme un vieux sou » — qui se faufile entre les jambes des consommateurs et guette le moment où une assiette vient d'être abandonnée pour en vider les reliefs dans sa blouse. Quand il a suffisamment de rogatons sans forme et d'épluchures sans nom, il reprend son chemin avec les mêmes précautions, et s'en va sur le boulevard extérieur rejoindre des compagnons — auxquels il VEND son butin. Comprenez-vous ?

Hélas ! la graine de gueux pousse encore plus vite que la graine de niais, à Paris ! Le ciel nous garde d'en avoir dans notre jardin, vous et moi, amis lecteurs inconnus !

> « Le dous Seigneur du firmament
> Et sa très douce chière Mère
> Nous défendent de mort amère ! »

o

LES MODÈLES DE CLODION

I

> Marguerites et pâquerettes,
> — Lys plébéiens, — vos collerettes
> (Ainsi que l'écrivait Gautier,
> Ce poëte prime-sautier),
> Sont-elles enfin repassées
> Par les haleines empressées
> Du Printemps, ce fils de l'Hiver?
> Tout est-il bien rose et bien vert?...

A ces approches aiguillonnantes du « joli mois de mai, » je m'en vais au hasard par les chemins infréquentés ; je vagabonde gaiement le long de ces boulevards verdoyants qui forment une ceinture charmante au Paris de la rive gauche, en quête d'un vaudeville en bas blancs, en cheveux noirs et en robe lilas, — un vaudeville de dix-huit ans, comme on en trouve toujours... à ce moment de l'année...

C'est ainsi qu'en ambulant l'autre jour sur le boulevard Montparnasse, je suis entré, rue Neuve-Vavin, dans un cabaret étrange, inventé il y a cinq ans. Je le croyais emporté par quelque coup de vent de l'hiver dernier, — il est bâti en planches ; mais il paraît que ces planches-là ont pris racine où on les a plantées, car je les ai retrouvées plus solides qu'à leur naissance.

C'est le cabaret Génin, l'ancêtre du percolateur, puisque c'est là qu'on a commencé à donner du café à quatre sous la tasse, — avec le petit verre !

Peut-être le connaissez-vous. Il a eu un instant de vogue, comme autrefois les Porcherons, et je connais plus d'une illustration parisienne qui s'est aventurée là à l'abri de ce faux nez qu'on appelle l'incognito, et qui y est revenue, — ce qui est plus grave.

Pourquoi cette vogue? Pourquoi ce tapage autour d'un cabaret en planches, — garni de tables dépareillées et de débris de tabourets?... Est-ce à cause du café qu'on y vend?... Il est bon sans doute, — du moins au dire des gens qui font usage de ce « poison lent » qu'affectionnait Voltaire et que Delille prétendait être composé de rayons de soleil... Il est bon, — mais cela ne suffit pas, il me semble, pour faire la vogue et la fortune d'un établissement. Il faut autre chose, — et il y a autre chose dans le café Génin.

II

Génin, d'abord. C'est un type. Il a toujours la même calotte, le même gilet, le même sourire, le même cigare, le même calembour qu'il y a cinq ans. Il y a des gens, disait Napoléon, qui mettraient le feu à leur pays plutôt que de se refuser le plaisir d'une antithèse... Génin est du nombre de ces gens-là : il mettrait le feu à ses planches et à ses tabourets plutôt que de se refuser le plaisir d'un calembour ! Le calembour est son *dada,* son *hobby-horse,* sa marotte, sa maladie. Il est parfois assez plaisant à regarder, — quand il prend, par exemple, l'attitude que Raphaël donne à Socrate au milieu de l'École d'Athènes, et que l'index de sa main gauche — placé entre le pouce et l'index de sa main droite — indique au spectateur bénévole un calembour de Damoclès qui plane invisible au-dessus de sa tête ! C'est un homme heureux, ou à peu de chose près. Il pratique à merveille ce qu'Horace appelle l'agréable oubli de la vie, — comme un épicurien qu'il est. Le jour où le calembour sera exproprié de ses lèvres pour cause d'utilité publique, Génin sera un homme mort, un homme bon à enterrer, — *capuli decus,* dirait Jules Janin !...

III

Après Génin, ce qu'il y a de plus curieux dans son cabaret, ce sont ses quatre murs, — tout un musée!... Il y a cinq ans ils étaient blancs comme l'âme d'une vierge qui n'a pas encore lu de romans; aujourd'hui ils sont littéralement couverts de décorations — qui valent mieux que celles de la Toison d'or ou du Nichant Iftikar.... Il y a là-dessus et là-dedans un fouillis de masques, une *olla-podrida* de bras, de jambes, de torses, de nez, de barbes, de pipes, à n'en plus finir et à ne plus s'y reconnaître!...

Ici est le portrait de Génin — orné du cigare, de la calotte, du gilet, du sourire et du calembour que vous savez. Là est le museau noir de son chien, — du grand César, du vrai César qui est à coup sûr bien plus *reine de Bithynie* que son homonyme; car s'il est le mari de toutes les chiennes du voisinage, il est aussi... Mais vous connaissez votre histoire ancienne mieux que moi.

Plus loin est le mufle rose de cette pauvre Gipsy, — une enfant de l'amour et du hasard, une petite bohémienne du pavé de Paris — sans nom, sans famille, sans rien que de la fraîcheur, de la jeunesse, des dents blanches, et la gorge de la Vénus de Milo.

Toutes ces filles d'Égypte sont bien les mêmes, depuis Cléopâtre, la gipsy couronnée, jusqu'à cette pauvre gipsy plébéienne du café Génin! Elles sont créées pour l'amour,—rien que pour l'amour; elles naissent courtisanes comme certains hommes naissent apôtres : c'est une vocation! Ce sont des plantes sorties d'une Flore inconnue! Quand elles ont donné leurs fleurs, elles s'en vont, — laissant aux autres le soin de produire des fruits. Ce que deviennent les vieilles lunes, — on ne le sait pas; mais ce que deviennent ces enfants perdues de la bohême galante, — on le sait encore moins. Ces filles-là meurent garçons!...

Puis encore, çà et là, des *facies* d'habitués, — les uns pittoresques, les autres grotesques, — depuis le Prudhomme du voisinage, avec son col exorbitant et ses lunettes impossibles, jusqu'au « pâle voyou » qui tire la langue à ceux qui le regardent.

Il y a aussi ce que l'on pourrait appeler les grandes toiles de cette exposition permanente. D'abord deux vigoureux dessins de Pierre Bisson, — un élève de Decamps qui fait de la bonne photographie. L'un de ces dessins est une marine assez bravement exécutée, et dont le seul tort est de pécher contre le vocabulaire des matelots : il y a une faute d'orthographe dans les voiles... Le pendant à ce dessin est un paysage un peu ravagé, d'un ton de croûte de pain brûlé, — avec des effets pittoresques obtenus en égratignant çà et là le mur d'une façon habile. De loin, — ça ressemble à un petit tableau de Casanove... D'un peu plus loin encore, — cela ressemble à un Joseph Vernet... Mais de tout près, — cela ressemble à un Pierre Bisson...

La plupart des portraits et des charges qui couvrent les murailles sont de Bouchez, qui, — à cause de son nom, sans doute, — imite Boucher comme M. Émile Wattier cherche à imiter Watteau. Il y a là — de lui — de petites esquisses à la sanguine qui ne manquent ni d'esprit ni de grâce.

Je ne veux pas oublier les fruits et les natures mortes d'Auguste Jean, — un peintre sur porcelaine qui ferait bien de peindre sur toile. Ce qu'il a peint là, — sur un pan de mur du cabaret Génin, — rappelle un peu la manière de Van Spaendonck. C'est un peu froid cependant. On devine aisément que c'est d'un artiste qui a l'habitude de faire cuire sa peinture... C'est précieux et agréable, sans doute ; mais je n'aime pas beaucoup, pour ma part, ces petites machines-là — que les Espagnols appellent des *Bodegonellos*. On y fait toujours médiocre, — à moins qu'on n'y excelle comme François Herrera, *dit le Vieux*, et surtout comme notre Chardin... Diderot a décidément raison : « Cette peinture devrait être celle des vieillards ou de ceux qui sont nés vieux. Elle ne demande que de l'étude, de la patience. Nulle verve, peu de génie, guère de poésie ; beaucoup de technique et de vérité ; — et puis c'est tout!... »

IV

Je ne veux pas non plus oublier les dessins *flamands* de Léopold Flameng, — un jeune artiste qui a le diable au ventre et qui pourrait bien avoir d'ici à quelque temps la réputation de Gustave Doré. C'est un élève de Calamatta qui a renoncé aux procédés de l'école, — après avoir fait une gravure très réussie, mais un peu froide, d'après la *Descente de Croix* de Rubens.

Flameng est venu à Paris, parce que Paris attire magnétiquement toutes les intelligences, souvent pour engloutir les meilleures dans ses ténébreuses profondeurs, — horrible maëstrom qu'il est!... Flameng a lutté, il lutte encore, il luttera toujours, — car c'est un véritable artiste, et il n'est pas plus fait pour devenir millionnaire que pour rester inconnu. Le journal *l'Artiste* lui a acheté déjà plusieurs planches dessinées et gravées par lui : *l'Épopée du Vin* et *l'Épopée de l'Amour*, entre autres. On lui doit aussi un portrait de Gérard de Nerval extrêmement ressemblant. Mais tout cela ne l'a pas encore conduit à la caisse d'épargne. Il vit pauvrement et gaiement, — menant de front la lutte, le travail opiniâtre, les soucis quotidiens, l'amour et la paternité! Car il est père, — à un âge où l'on est presque encore enfant... Il n'y a que les artistes pour faire de ces choses étonnantes-là ! A nous autres rêveurs, qui jetons sans cesse nos vers et notre prose aux moineaux, il manque quelque chose, — ce quelque chose précisément qui ne manque pas aux artistes qui font des enfants à leur Muse et à leur femme. Nous avons tous — plus ou moins — enseigné le latin et l'amour à la nièce d'un chanoine... Et l'on sait comment les oncles — qui sont chanoines — récompensent les imprudents qui ont enseigné l'amour et le latin à leurs nièces !...

Léopold Flameng se plaît à reproduire sur le papier, sur le cuivre, ou sur la toile, ces Silènes opaques et rubiconds, flanqués de chair et gabionnés de lard, dont le ventre a autant d'étages que le menton, — et ces femmes énormes, gargamellesques, que Sainte-Beuve appelle « les Sirènes poissonneuses et charnues de Rubens... »

..... « On voit dans un chœur de Dryades
« Le fils de Sémélé qu'ont bercé les Hyades... »

et, aussi, un tas de petits culs nus d'Amours qui pendent aux flancs des Bacchantes comme autant de grappes vermeilles... C'est un peu « ronde bosse, » — mais cela plaît. Peut s'en faut même que l'on ne se sente comme transporté sur un mont Ida quelconque, et qu'on ne se mêle à la danse furieuse des Corybantes, des Dactyles et des Curètes, — panachés de Ménades

et d'Oréades, — en criant comme eux et comme elles :
« Ohé! Evohé! Ohé! Évohé! Ohé!... »

Flameng affectionne aussi les scènes populaires. Il est moins gai que Pigal, — mais il est plus profond. Il sait voir et il sait comprendre. Souvent il s'aventure, calme et souriant, dans les bouges nauséabonds où se trémousse la canaille, — et il en sort avec des croquis et un peu de tristesse dans la cervelle. Il fera un jour de l'or, — avec ce fumier-là.

Le cabaret Génin lui a fourni plus d'un type. Il lui en fournira d'autres encore, — car il y en a là un tombereau!... Le public d'il y a cinq ans n'existe plus. Il y avait autrefois beaucoup d'artistes et quelques arracheurs de dents; aujourd'hui il n'y vient plus d'artistes, — mais il y vient beaucoup d'arracheurs de dents... Il y a encore un autre public, — un public interlope dont ne doit pas parler tout écrivain qui respecte un peu sa langue, sa plume et ses lecteurs...

V

Ce cabaret est une Aphroditopolis de dernier ordre, — mais c'est une Aphroditopolis. Il y a là, chaque jour, de grands garçons pâles et maigres, — imberbes pour la plupart, qui ont des souliers vernis et une blouse blanche, et qui jouent aux cartes en fumant et en chantant des chansons « de dessert!... » Puis, de temps en temps, arrivent de belles filles attifées comme la Manon du chevalier des Grieux, chaussées de brodequins étroits qui font merveilleusement ressortir des bas blancs soigneusement tirés, — qui ressemblent beaucoup à la Galathée de Virgile, et qui sont coiffées de bonnets charmants, de tulle ou de linge, placés avec beaucoup de crânerie sur leur chignon. Elles ont — en outre — des robes bleues, roses ou lilas, d'une fraîcheur et d'une transparence incroyables. Ce ne sont pas des femmes, ce sont des fleurs, — et l'on a à chaque instant d'irrésistibles envies de les cueillir...

Pourquoi viennent-elles là? Parbleu! parce qu'*ils* y viennent! Tenez! les voilà qui s'installent à côté d'eux : on allume des cigarettes, on allume un punch, on allume tout ce qu'on peut allumer, — et la jeunesse est naturellement inflammable, — et au bout d'un instant tout est en feu! On boit, on caquette, on chante, on roucoule, — et l'on commence à *far all' amore*... Oh! rien que la préface, madame, — rien que la préface!... Ils vont lire le livre ailleurs...

Je sais maintenant où Clodion allait chercher ses modèles!...

LE RADEAU DE LA MÉDUSE

I

Henry Murger n'a pas tout dit, — parce qu'il ne pouvait pas tout voir. Les *Scènes de la vie de Bohême* ont été dans toutes les mains, et elles sont restées dans toutes les mémoires. Son livre n'a pas seulement l'esprit, il a la vérité, — il émeut et il amuse. Les oisifs et les heureux de la vie ont appris ainsi quelles misères épiques la jeunesse pauvre — la phalange macédonienne de l'intelligence — est forcée de traverser avant d'arriver à la gloire ou à la fortune.

Henry Murger n'a pas tout dit, parce qu'il ne pouvait pas tout voir. Il ne pouvait pas être ici, et puis encore ailleurs. Ce qu'il raconte, il ne l'invente pas, — on n'invente pas ces choses-là, — il se souvient seulement.

Je veux me souvenir aussi et rappeler à certains

oublieux les heures mauvaises que nous avons traversées ensemble. Ils sont arrivés, — pour la plupart, — et ils galopent maintenant, éperonnés et bottés, sur la chimère entrevue autrefois dans leurs rêves. Celui-ci monte le Théâtre, celui-là le Roman, cet autre la Fortune, cet autre encore l'Amour. La foule sait par cœur le nom des uns, et épèle en ce moment le nom des autres. Ils sont arrivés, dis-je; ou ils arriveront. Quant à moi, je suis destiné à n'arriver jamais, — je ne sais pas marcher.

C'est pour cela que je raconte. J'ai le temps ; — ils vivent, eux! Je suis dans ma stalle, ils sont sur la scène. Permettez-moi de frapper les trois coups d'usage et de lever le rideau sur votre jeunesse en fleur, — ô mes chers amis d'autrefois!

II

« Aux petits des oiseaux Dieu donne la pâture,
Et sa bonté — s'arrête à la littérature. »

Pourquoi cette exclusion ? Nul ne sait. Cela n'a jamais empêché et cela n'empêchera jamais les gens qui ont le *diable au corps* — ou qui croient l'avoir — de se faire les chevaliers de l'Art et de la Poésie.

La pièce de vingt francs est certes une belle invention — ainsi que les poulardes truffées et les salmis de perdreaux, — mais cela ne vaut pas les ineffables jouissances que procure au poëte ou à l'artiste la parturition de son œuvre, bonne ou mauvaise, laide ou belle. Tous les enfants qu'on fait sont charmants : il n'y a d'affreux que les enfants des autres.

Qui de nous, mes frères, n'a eu, à son heure, le ventre creux et le cerveau plein? Qui de nous — au temps où l'on a pourtant de si bonnes dents — ne s'est nourri de fumée et de chimères?

III

Il y avait autrefois, rue de la Huchette, une série de boutiques de rôtisseurs connues du monde entier, à ce qu'il paraît, — puisque, au dire de Mercier, des Turcs, qui étaient venus à la suite d'un ambassadeur ottoman, n'avaient trouvé rien de plus agréable dans tout Paris que ces succulentes rôtisseries, à la fumée desquelles les Limousins mangeaient leur pain.

La rue de la Huchette a perdu de cette splendeur. Les oies l'ont quittée pour se réfugier où elles ont pu, — les pauvres et bonnes bêtes! Il y en a un peu partout, maintenant.

Il y a quelques années, les trois ou quatre amis dont je veux parler faisaient volontiers comme les

Limousins. Seulement, au lieu d'aller rue de la Huchette, où il n'y a plus que des hôtels à la nuit, ils allaient rue Saint-Jacques, à côté de la fontaine Saint-Séverin, — qui leur fournissait le boire à discrétion.

Car, à cette époque, ils étaient dans la position de l'escholier que rencontra un soir Pantagruel : Il y avait pénurie de pécune en leurs marsupies, qui étaient exhaustes de métal ferruginé. Moins heureux que lui, ils ne pouvaient cauponiser de belles spatules vervécines perforaminées de pétrosil !

C'est à l'âge où l'on a les meilleures dents qu'on ne trouve pas l'occasion de les utiliser ; c'est à l'âge où l'on n'en a plus que les « belles spatules vervécines perforaminées de pétrosil » vous arrivent, — avec les billets de banque et les bonnes fortunes. O ironie désagréable du sort !

Vous ne savez pas, vous ne saurez jamais, — beaux enfants blonds et roses que vos bonnes promènent aux Champs-Élysées ou aux Tuileries, entourés d'ouate, de soins et de sucre d'orge, — vous ne saurez jamais combien la vie est dure, brutale et malsaine pour ces grands garçons de vingt ans qui n'ont plus, depuis longtemps, ni père, ni mère, ni tante, ni oncle, ni quoi que ce soit qui ressemble à une bienfaisante « vache à lait ! » Tétez longtemps, tétez toujours, chers *babies* blonds et roses, qui êtes appelés à composer le clan des « fils de famille » et qui, dans ce moment, laissez croître vos quenottes pour mieux mordre au million paternel! Tétez longtemps, tétez toujours, mes agneaux! vous ne connaîtrez jamais la misère que de réputation, — comme nous les billets de mille francs! Vous ne connaîtrez jamais la misère, la sainte, la noble misère, qui fait les grands artistes, les grands poëtes — et les grands martyrs! Vous ne connaîtrez jamais la misère, — mais jamais, non plus, la gloire.

La gloire! Ah! chimère maudite, — chimère adorée, — que de cervelles tu bouleverses, que d'existences tu convulses, que de douleurs tu procures!

Vous ne saurez jamais, — chers *babies* joufflus et roses, — ce qu'est, pour cinq affamés, comme nous l'étions alors, ce « vaste désert d'hommes » qu'on appelle Paris. Cinq jeunes hommes qui n'étaient ni maçons, ni tailleurs, ni charpentiers, ni arpenteurs, ni quoi que ce soit d'utile et de productif! Cinq pauvres diables d'artistes et de poëtes qui avaient mordu à l'arbre de la science et qui en avaient gardé l'amère saveur! Cinq grands dadais d'orphelins qui n'avaient plus rien à attendre des oncles, car chacun de nous était sorti des derniers rangs du peuple, qui de la cuisse d'un portier, qui de la cuisse d'un *schumaker*, qui de la cuisse d'un chiffonnier, — aucun de celle de Jupiter, et encore moins de celle de M. de Rothschild. Nous n'avions plus rien à attendre de personne, et, malgré cela, il fallait pouvoir attendre l'Avenir.

l'Avenir!... Que de bifsteack il y avait dans ce mot-là!

Hélas! il y en avait peu, en revanche, dans le Présent.

Encore, si la vie tenait dans une journée, — passe! On se coucherait, — et tout serait dit. Mais non, tout au contraire! Le stage de la gloire est long à faire. Le jour sans pain succède au jour sans vin, — la semaine sans habits à la semaine sans souliers! Et, à chaque aurore nouvelle, il faut recommencer la lutte, il faut trouver, coûte que coûte, l'avoine nécessaire au bidet qui porte votre idéal...

Ah! le maudit bidet, comme il nous a mangé de l'avoine!

Et quelle avoine! De l'avoine dorée, comme celle du cheval Caligula, car elle était faite avec nos pauvres vieux bouquins, — des Elzévirs et des Estienne! Pauvres chers livres! vous aviez nourri nos jeunes cervelles, il fallait encore nourrir nos jeunes corps! Pauvres vieux bouquins! Des diamants en échange desquels les regrattiers littéraires du quai Conti nous donnaient des bouchons de carafe!... Des lingots d'or qu'ils nous payaient en morceaux de cuivre!... Ah! qui me rendra mon *François Rabelais*, — édition d'Amsterdam, 5 volumes petit in-8, avec figures!... mon *Pierre Gringoire*, — édition de Paris, 1516, in-4°!... mon *Horace!* ma grande *Bible*, — où l'on voyait, comme dans celle de V. Hugo,

« ... Dieu le père en habit d'empereur! »

Et le *Bonaventure Despériers* de notre ami Melchior !
Et le *Tractatus de risu*, de notre ami Théodore, dans lequel j'aurais trouvé de si bonnes réponses à l'anathème jeté sur le rire par M. de Lamartine ! Vendus ! vendus ! vendus ! *Lavés !* — comme nous disions dans notre cynique insouciance. Et tout cela pour avoir cent sous !

IV

Cent sous, — quand on les avait. Et on les avait rarement. La faim renaissait chaque jour plus sifflante, comme une des têtes de l'hydre, — mais les Elzévirs et les Estienne ne renaissaient pas, bien qu'ils fussent des phénix.

Alors on inventait un moyen, deux moyens, trois moyens, — tous insuffisants. On dépensait, à trouver ce grain de mil dans le fumier parisien, plus d'imagination, plus de génie parfois qu'il n'en eût fallu pour mettre au monde un chef-d'œuvre. Mais c'est ainsi ! On use ses forces, comme Gulliver, pour se débarrasser des toiles d'araignée des Lilliputiens, et quand arrive la lutte sérieuse, la grande lutte, — on tombe sur le flanc, épuisé, tirant la langue, mort !

Cependant, malgré l'insuffisance des moyens proposés, on finissait presque toujours par dîner, — à dix heures du soir.

Que de lettres écrites dans ce style à quelques amis riches : « Mon cher frère Jean, *je naye, je naye, je naye !* Ne pourriez-vous me tendre une perche de la longueur de vingt francs ? ».

Et frère Jean restait sourd à ce cri suprême poussé, non par la peur, mais par le ventre en détresse. Hélas ! les amis riches ne le sont pas, à ce qu'il paraît, pour les amis pauvres !...

Que de fois aussi Privat, — parce qu'en passant devant l'hôtel de M. Millaud, place Saint-Georges, il en avait gratté la grille, qui est dorée sur toutes les coutures, — nous disait gravement, pour nous égayer : « Je viens d'emprunter cent sous à Millaud !... »

Ces cent sous là valaient les vingt francs de frère Jean.

Cependant, je le répète, on finissait presque toujours par dîner, parce qu'on finissait presque toujours par trouver — vingt sous.

Vingt sous pour quatre personnes !

Ne riez pas : il n'y avait pas toujours vingt sous — et il y avait parfois un cinquième convive. Ce sera moi, si vous voulez.

Comment peut-on souper, dans une rôtisserie, pour vingt sous — à quatre ? Cela vous étonne ? Ce qui vous étonnera probablement davantage, c'est qu'on soupait très bien.

Et la preuve, je vais vous la donner : je l'ai là sous les yeux. C'est l'*addition* même de l'un de ces repaslà, — lesquels avaient lieu chez Mme Gillet, rôtisseuse, rue Saint-Jacques, n° 8 ; lesquels avaient lieu — quand ils avaient lieu, entendons-nous !

« Pain. . . . . 4 sols. »

C'était peu, sans doute, pour quatre ; mais ces littérateurs et ces artistes étaient si portés sur leur bouche, qu'ils aimaient mieux manger moins de pain et plus de viande.

Aussi ce dernier article venait-il en compte pour 8 sols.

C'était, soit un pilon, soit une cuisse, soit une aile, soit une carcasse, — toujours de volaille. Mes amis adoraient l'oie aux marrons, — à ce point que lorsqu'ils ne pouvaient se procurer l'oie, ils mangeaient toujours les marrons.

Un morceau d'oie de 8 sols, cela ne devait pas être énorme, — et le partage en était surtout difficile. Sans doute, mais les amis ne sont pas des Turcs, que diable ! Celui qui avait le moins faim laissait la plus grosse part au plus affamé.

(*Nota bene* — qu'aucun d'eux n'avait déjeuné !)

Quatre et huit font douze. Vous voyez qu'ils auraient pu mettre quelque chose à la Caisse d'épargne. Mais c'étaient, je dois l'avouer, des dissipateurs : ils préféraient prendre deux très réconfortants bouillons — en quatre bols. Cela leur tenait chaud, d'abord. Ensuite, cela facilitait la digestion des 4 sols de pain et des 8 sols d'oie.

Ces deux bouillons coûtaient 6 sols. Six et douze, cela ne faisait et ne fera jamais que dix-huit. Il restait donc deux sols en caisse.

V

Je n'ai pas besoin de vous dire ce qu'on en faisait. Melchior aurait bien voulu acheter un bouquet de violettes pour sa maîtresse, — une jeune piqueuse de bottines de la rue de l'Ancienne-Comédie. Théodore aurait voulu acheter une paire de bottes. Maurice proposait de fonder un journal de musique Seul, Privat avait de la raison pour ces aimables fous : il allait chercher deux sous de tabac.

Et Melchior bourrait sa pipe de façon à ne laisser dans le cornet que de quoi faire deux cigarettes, que fumaient Privat et Maurice.

Quant à Théodore, il les regardait fumer, — d'un œil d'envie.

Malgré leur maigre consommation, la mère Gillet — qui était une brave femme — les laissait dans son arrière-boutique aussi longtemps qu'ils y voulaient rester.

On causait, on fumait, on espérait.

Quelquefois, souvent même, quand on restait trop longtemps dans le voisinage des oies qui tournaient devant un feu d'enfer, avec des détonnements et des crépitations à n'en plus finir; l'appétit, un instant endormi, se réveillait féroce !

Privat, alors, employait les grands moyens. Il récitait à Maurice des vers de Luce de Lancival, ce qui l'endormait infailliblement. Puis, comme il savait Melchior très délicat, très petite maîtresse, il lui racontait avec complaisance tous les détails de l'opération qu'avait subie, quatre cents ans auparavant, à cette même place où ils étaient, un franc-archer qui avait la pierre. Et Melchior tressaillait de dégoût.

Quant à Théodore, il était résigné.

VI.

Voilà comment ils dînaient — quand ils dînaient — ces quatre amants platoniques de la Gloire et de la Fortune.

C'était maigre, n'est-ce pas? Eh! bien, il y avait des jours plus maigres encore, — des jours où l'on se couchait pour ne pas entendre les sommations irrespectueuses de l'estomac. « Demain ! » disait-on. Et le Demain ressemblait à la Veille !

Ces jours-là, quand d'aventure on tenait à rester sur ses jambes, — fatigué qu'on était de la position horizontale, — on s'assemblait en petit comité chez Melchior, on mettait les assiettes et les verres sur la table, et on lisait quatre ou cinq chapitres du *Parfait cuisinier français*, ou du *Véritable cordon bleu*, au milieu de l'attention la plus scrupuleuse.

— Allez, couteaux et fourchettes! criait Melchior de sa voix la plus claire. Voici le *Potage!*

Et il lisait :

« Bisque à la provençale. »

— Voilà un potage délicieux, disait Théodore.

— Quelqu'un en souhaite-t-il encore? demandait Melchior.

— Non... non... je me réserve pour le rôti, répondait Privat.

— Eh! bien, disait Maurice, moi j'aime mieux le *potage de santé à l'essence de racines*, ou mieux encore l'*escalope de saumon*, que préparait si bien Antonin Carême.

— Oh! toi, tu es toujours porté sur ta bouche.... faisait observer Privat d'un air mécontent. Passons au relevé de potages!...

— Attends un peu.... je n'ai pas fini! s'écriait Théodore.

Melchior reprenait :

— *Croquettes de queues de crevettes*.... Qui en veut?

— Pas moi... pas moi... répondait Privat. Je me réserve pour le rôti.

— Notre cuisinière s'est distinguée.... Nous la féliciterons.... Ces croquettes sont divines!

— Moi, pour relevé de potage, j'aurais préféré les filets de soles à la Villeroy!... disait Maurice.

— Tu n'es jamais content! répondait Privat.

Melchior reprenait :

— Voici maintenant deux grosses pièces.... Tu as le choix.

— Ah! voyons!... Qu'est-ce que c'est que cela?

— *Des darnes d'esturgeons grillées, sauce poivrade*, et des *cabillauds à la crème*....

— Va pour les cabillauds.... Ça doit être bon, à cause de la crème.... En attendant, verse-moi à boire.... La langue me pèle, faute d'humidité....

Melchior reprenait :

— Mes amis, nous n'avons qu'une entrée aujourd'hui....

— C'est bien mesquin.... Enfin!... Ah! ce son *des filets de lapereaux à la vénitienne!*... Parfait! Parfait! Parfait!...

— Privat va être content, reprenait Melchior. Nous avons deux plats de rôtis.... *Des canetons de Rouen et des cailles bardées*....

— Oh! les canetons! Oh! les cailles!... J'en suis fol! s'écriait Maurice en battant des mains. Verse-moi à boire, j'étouffe.

— Moi, je n'ai plus faim, disait négligemment Privat.... Où sont les cure-dents?

— Ils sont en main.

Melchior reprenait .

— Comment, vous êtes déjà vaincus? Quelles vulgaires fourchettes vous êtes!... Si Monselet était là, il vous mépriserait, et il ferait bien.

— Ah! bast! je risque l'indigestion.... Qu'est-ce que nous avons pour relevés de rôt?

— Un *buisson de beignets d'abricots glacés*, et un *flan de brugnons glacé*.... Tends ton assiette, Maurice....

— Ma foi, non! J'en ai mangé hier et avant-hier.... Cela devient monotone!

— Et toi, Privat?...

— Volontiers!... Je suis d'avis qu'il faut manger toutes les fois qu'on en trouve l'occasion.... On ne sait pas ce qui peut arriver.... Nous n'aurons pas toujours une cuisine aussi plantureuse.... Profitons-en!...

— Qu'est-ce que nous avons pour entremets, Melchior?...

— Un *buisson de ramequins au parmesan*, des *champignons à l'italienne* et des *œufs pochés au fumet de gibier*....

— Ah! Toinette nous gâte; vrai, elle nous gâte!... Des œufs pochés au fumet de gibier.... Ça doit être agréablement mauvais!...

VII

Cela s'appelait — cela s'appelle encore pour beaucoup — être sur le *radeau de la Méduse*. Pas la moindre voile à l'horizon, une mer houleuse, des ténèbres, le tonnerre, la pluie — et le reste !

Aussi, combien sont morts à la peine ! Que de vaillantes intelligences ont sombré dans cette tempête ! Que d'hommes de lettres à la mer !

« Mais tout cela se paye, » — comme le disait un bohême avec une naïveté mélancolique. « Maintenant, — ajoutait-il — quand je suis seulement deux ou trois jours sans manger, j'ai mal à l'estomac. »

La phrase est sinistre. On peut dire comme Dante à Virgile : « Maître, le sens de ces paroles est terrible, » — *il senso lor m'e duro*. Terrible, en vérité.

DU DIEU APIS

ET DE LA MANIÈRE DE S'EN SERVIR

I

Vous n'êtes pas sans avoir lu — dans l'immortel livre de maître François Rabelais — ce fameux passage que l'on cite souvent sans le connaître, où il est question d'un marché fait par Panurge avec Dindenault, marchand de moutons. Cette aventure est empruntée par l'illustre Tourangeau à Merlin Coccaïe, qui la raconte dans sa deuxième Macaronée ; mais elle n'en est pas moins drôle pour cela. Il faut la lire dans le *Pantagruel*, — où elle est écrite avec une diabolique gaieté, — et, après l'avoir lue, il faut la relire. Cela donne soif.

Dindenault s'est moqué de Panurge : Panurge se venge de Dindenault. « Jamais homme ne me feit desplaisir sans repentance, en ce monde ou en l'aultre, » — dit-il, ce féroce plaisantin. Et le voilà qui, après avoir décidé Dindenault à lui vendre un de ses moutons, prend ce mouton et le jette à la mer. Tout le troupeau, ce voyant, suit le chemin indiqué forcément par leur camarade, et le marchand à son tour — pour rattraper sa fortune qui saute si joyeusement à l'eau — ne trouve rien de mieux à faire que de « saulter » comme elle, et de se noyer. Telle est l'histoire des moutons de Panurge.

Ce que ces inestimables bêtes faisaient au temps d'Aristote, de Merlin Coccaïe et de François Rabelais, elles le font encore aujourd'hui. Tous les jours, lorsqu'un troupeau arrive éreinté, crotté, n'en pouvant plus, devant l'abattoir, une des petites portes de la grille s'ouvre, un mouton entre timidement — et tout le troupeau suit avec une furie sans exemple. Ils se grimpent les uns sur les autres comme pour mieux voir et pour arriver plus vite à l'écorcherie, — absolument comme la foule un jour de fête ou d'exécution. C'est alors que j'ai compris le mouton enragé. Je croyais d'abord que c'était une légende, — bonne au plus à servir d'enseigne. Aujourd'hui, je suis édifié : le Mouton-Enragé existe !

II

C'est un peu pour cela que je ne crois pas à la sincérité de la commisération dont font montre les braves curieux qui s'arrêtent devant la grille et qui regardent ce qui s'y passe.

Un matin, au moment où arrivait par l'avenue Trudaine une armée de ruminants à cornes creuses, — bœufs d'un côté, moutons de l'autre, — arrivait par la rue Turgot une brave vieille femme du peuple, mal habillée et toute déhanchée. Elle entendit mugir les bœufs et bêler les moutons.

— *Ah!* » s'écria-t-elle d'un air farouche, en montrant le poing aux bouviers, aux bergers, aux chiens des bouviers, aux chiens des bergers, aux bouchers qui sortaient de l'abattoir, aux passants qui s'arrêtaient, et à moi tout comme aux autres. « *Ah! les priquands! Ils font duer ces baufres boutons et ces baufres pœufs, et buis abrès ils les mancheront..... Ganaille! Ganaille! Ganaille! Ils ne beufent tonc bas mancher de l'herpe?...* »

L'indignation de cette estimable Alsacienne ne me toucha pas, je dois l'avouer, quoiqu'elle fût sincère — comme l'absurdité.

— Eh! bonne femme, lui répondis-je en souriant, ces moutons et ces bœufs d'aujourd'hui sont nos côtelettes et nos rosbifs de demain!... Vous ne savez donc pas, bonne femme, que de la toison des uns on fait les draps qui nous habillent, et que de la peau des autres on fait les bottes qui nous chaussent? Leurs boyaux deviendront des cordes de violons qui nous causeront des frémissements dans le parfond de l'âme et nous feront oublier de dîner — lorsqu'elles seront touchées par un Paganini quelconque ! Avec l'os de leurs talons, on fera des osselets avec lesquels vos petits enfants eux-mêmes, bonne femme, joueront des heures entières, — en oubliant que vous avez oublié de leur donner leur soupe !... Vous voulez que nous mangions de l'herbe, bonne femme ? Mais nous en mangeons aussi, et de la meilleure, en mangeant « *ces baufres boutons et ces baufres pœufs,* » puisqu'ils se nourrissent des foins odorants des prairies, des fanes appétissantes de légumineuses granifères, des tubercules succulents et des racines généreuses, — et que nous nous nourrissons d'eux-mêmes quand ils sont parvenus à s'engraisser suffisamment avec ce régime pythagoricien !...

J'allais continuer... Mais la *ponne prafe* femme avait disparu.

III

Moi aussi j'ai été Alsacienne ! Moi aussi — au temps de ma prime-jeunesse — je me suis attendri sur le sort de ces *baufres pêtes*, bœufs, veaux, moutons, lapins, poulets, oies et canards, que les hommes ont la cruauté de saigner, d'égorger, d'étrangler et d'assommer pour la plus grande satisfaction de leur dieu Gaster !

Moi aussi je pensais qu'il était plus honnête, plus humain, plus sain, de vivre de légumes, de fruits et de laitage, comme ces vertueux personnages des légendes antiques et solennelles !

Mais alors je me promenais sur les bords d'un Lignon quelconque, avec un habit vert-pomme, des souliers de satin blanc, des bas de soie à jour, une houlette d'acajou d'une main, et, de l'autre, conduisant — avec une faveur rose comme les joues de ma bergère ou bleue comme sa prunelle adorée — un mouton plus blanc que mes souliers de satin, plus blanc même que le fond de mon cœur, innocent pourtant !

Alors, tout en conduisant mon mouton blanc, je me laissais mener en laisse comme lui par quelque Cydalise au pied mignon, aux lèvres empourprées par la double ivresse de la jeunesse et de l'amour, à la poitrine bondissante sous les éclats de rire, à l'œil humide de cette rosée intérieure qui s'appelle la joie, aux cheveux blonds dénoués par ma main et par le vent, — plus par le vent que par ma main, car alors j'étais timide !

Ah ! Monsieur ! Ah ! Madame ! Les heureux rêves, les beaux rêves, les amoureux rêves, les rêves invraisemblables que je faisais alors — à deux ! Cydalise s'est envolée je ne sais où,

« Vers les horizons bleus des robes de satin »,

et moi je suis resté, — je ne sais pourquoi... L'homme de lettres a remplacé le berger, — la plume a remplacé la flûte de Pan. J'ai bien peur d'y avoir perdu, — et vous aussi, lecteur !...

IV

Depuis, le temps a marché — et je l'ai imité. Je ne sais pas s'il est fatigué : moi, je le suis beaucoup ; à ce point, même, qu'il me prend parfois envie de faire faire mon lit de sapin — qui sent si bon ! — et de m'y coucher tout de mon long jusqu'au jour où les cuivres de l'orchestre céleste doivent réveiller tous les endormis.

Nous avons donc marché, — le Temps et moi. Cet éternel vieillard avec lequel j'ai eu l'honneur de faire connaissance dès l'âge le plus tendre, et que j'ai vu pendant de si longues années en bronze doré sur la cheminée de mon père, entre deux bouquets de fleurs artificielles et deux candélabres presque aussi artificiels que ces bouquets, — cet éternel vieillard est toujours jeune, et moi, qui suis jeune encore, je suis déjà un vieillard !

Et la preuve, c'est que tout en vénérant prodigieusement les mères, et en aimant plus prodigieusement encore les filles, je ne vois plus les choses comme je les voyais autrefois. Les horizons de mon enfance sont les horizons de ma jeunesse et seront ceux de mon âge mûr, — si âge mûr il doit y avoir. Ils n'ont pas changé. Ma vue seule s'est modifiée. J'avais à quinze ans des lunettes bleues; à vingt ans, des lunettes vertes; à trente ans, j'ai eu des lunettes jaunes. Aujourd'hui, j'ai cassé mes lunettes — sans le vouloir, mon Dieu! — et je n'ai pas fait remettre de verres. Je vois les choses et la vie à l'œil nu. Pouah! que c'est laid!

Aujourd'hui, par exemple, je ne vois plus dans les moutons que des côtelettes, — dans les bœufs, que des roast-beefs, — dans les veaux, que des blanquettes, — dans les lapins, que des gibelottes, — dans les lièvres, que des civets, — et les canards ne m'intéressent plus qu'aux olives, — les pigeons, qu'à la crapaudine, — les poulets, qu'à la Marengo, — les bécasses, qu'en salmis, etc., etc., etc.

Je voudrais pouvoir ne manger que de l'herbe, — pour faire plaisir à messieurs les légumistes et autres vertueux brahmines. Mais cela est impossible à mon cœur, et surtout à mon estomac — qui n'a pas la disposition multiloculaire de celui de messieurs les ruminants à cornes.

D'ailleurs, je ne suis pas bien sûr — ni vous non plus — que les plantes ne souffrent pas autant que les animaux quand on les coupe ou quand on les cueille. « Elles ont le sang vert au lieu de l'avoir rouge, » — d'accord ; mais il y a des animaux qui l'ont blanc. « Elles ne disent rien, » — c'est vrai ; mais elles n'en pensent peut-être pas moins, et la preuve qu'on leur fait quelque chose en les cueillant, c'est qu'elles se fanent une fois cueillies. Se faner, c'est une manière comme une autre de souffrir, — n'est-ce pas, Madame ?

V

J'étais resté longtemps devant la porte d'un abattoir, sans pouvoir me décider à entrer. Je redoutais un peu d'être l'objet d'une méprise de la part des exécuteurs des hautes œuvres de la Boucherie parisienne. « J'entrerai homme de lettres, » — me disais-je, — « mais peut-être sortirai-je gigot. » Gigot ou faux filet, la catégorie n'y fait rien. Quoi ! moi qui me suis nourri, dès ma plus tendre enfance, de la lecture d'Horace et de Virgile, de Dante et de Milton, de Goethe et de Shakspeare, de Rabelais et de Montaigne, je pourrais être confondu avec un morceau de filet, et mangé, dans un déjeuner plantureusement arrosé de bourgogne, par mon meilleur ami et par ma meilleure maîtresse ! O souvenir classique du festin de Thyeste et d'Atrée, éloignez-vous de mon esprit ! Malgré l'honneur que pourrait me faire M. Ponsard,

— ce successeur immédiat de Crébillon l'aîné, — en entourant d'alexandrins, comme d'autant de bandelettes sacrées, le lamentable dénoûment de ma lamentable existence, je ne veux pas être enterré ainsi! Je veux un autre cercueil qu'en estomac humain, — cet estomac fût-il celui de ma maîtresse!...

Ainsi disais-je!

Malgré cela, un soir de l'automne dernier, je m'introduisais furtivement dans l'une des bouveries de l'abattoir Montmartre, pour assister de bonne heure à l'exécution des condamnés, dont une moitié était dans les parcs à ciel ouvert, et l'autre moitié dans les bâtiments qui avoisinent ces parcs.

La bouverie dans laquelle je m'étais introduit « à la faveur des ombres de la nuit, » me rappelait beaucoup l'étable. Une odeur âcre et pénétrante — moins désagréable en tout cas que les odeurs humaines — en saturait l'atmosphère, et je ne craignais pas de la respirer à pleins poumons. Cela doit nourrir, cet air-là, et l'on ferait bien de permettre aux jeunes poëtes sans ouvrage, sans asile et sans pain, de venir chaque soir coucher dans les étables. Ils auraient chaud, ils y engraisseraient; et les moins paresseux pourraient y composer des bucoliques, des églogues, des idylles, des pastorales quelconques — qui serviraient à prouver, une fois de plus, combien Virgile, Théocrite, Bion, Moschus et George Sand sont grands poëtes...

D'un côté de la bouverie, liés par les cornes à la

muraille, il y avait une série bigarrée de bœufs qui poussaient de temps en temps un sourd mugissement plein de mélancolie, — une sorte de *Super flumina Babylonis*. De l'autre côté, une série de petits veaux de toutes les couleurs, ayant encore aux lèvres le lait des mamelles maternelles. Ils dormaient, les chers innocents, de l'adorable sommeil que nous avons eu tous aux premières heures de notre vie et que nous ne pouvons plus jamais retrouver, — même à prix d'or, — une fois que nous l'avons perdu. Les enfants ne pensent pas plus que les animaux : voilà pourquoi le sommeil les tue si agréablement. Les hommes pensent, méditent, supputent, machinent, en bien et en mal, en laid et en beau : voilà pourquoi chacun de nous « a tué le sommeil, » comme le Macbeth de Shakspeare.

Les bœufs avaient l'air de se plaindre et de regretter les prairies natales et les foins parfumés. Leurs innocents neveux n'avaient pas l'air d'avoir les mêmes regrets : ils dormaient, je l'ai dit.

VI

La nuit fut longue. Moi aussi, je dormis d'un bon sommeil, — du sommeil dont dormaient les neveux des bœufs au milieu desquels je me trouvais. Pas le moindre cauchemar !

Il faut tout dire. Je ressemble un peu au Spark d'Alfred de Musset : quand je fume, ma pensée se fait fumée de tabac ; quand je bois, ma pensée se fait vin de Bourgogne ; quand j'aime, ma pensée se fait paradis ; quand je dors dans une étable, ma pensée se fait odeur de luzerne et couleur de sainfoin. Je m'imaginai que j'étais couché en plein soleil et en pleines herbes, dans une prairie du Calvados, le fanon rebondissant, la queue battant les flancs, l'œil grand ouvert sur l'infini, regardant, sans les voir, les trains de plaisir chargés de Parisiens qui passaient et repassaient sur le chemin de fer, et ne songeant absolument à rien au monde, à rien de rien, — pas même aux blondes génisses qui étaient, comme moi, enfoncées jusqu'à la panse dans les hautes herbes de la même prairie. Je me contentais de faire aller mes mâchoires lentement, bien lentement, pour mieux savourer, sans doute, l'excellente nourriture végétale que je mangeais à même le plat, — mais voilà tout. Je n'avais jamais été à l'école, jamais au collége, jamais à la Sorbonne, — jamais, non plus, au Prado d'hiver, à la Closerie des Lilas, à Mabille, au Moulin-Rouge ; en cabinet particulier, en voiture fermée, en loge grillée ! Je n'avais jamais eu l'honneur d'entendre M. Patin, M. Sainte-Beuve, M. Michelet, l'illustre Mangin, l'illustre Pradier, l'illustre Grassot, l'illustre Lassagne ! Jamais aucun ami ne m'avait volé aucune maîtresse ! Jamais aucun créancier ne m'avait fait mettre à Clichy! Jamais aucune drôlesse ne m'avait fait mettre à Charenton! Jamais mon grand oncle ne m'avait déshérité! Je n'étais plus le jeune homme que quelques-unes aiment et que quelques-uns détestent : j'étais un bœuf, et j'appartenais à M. Adeline, — un éleveur distingué qui a la spécialité du *bœuf gras*, comme on sait.

Un chœur de mugissements sonores me réveilla. Le jour venait, — et les exécuteurs des hautes-œuvres de la Boucherie parisienne allaient venir...

VII

Cette fois, les mugissements de leurs oncles provoquèrent ceux des bons petits veaux couchés à côté de moi : les malheureux avaient tous dormi leur dernier somme, — sans s'en douter.

Une lueur blafarde — comme la figure d'un homme qui a passé sa nuit à boire — se mit à poindre par toutes les ouvertures de la bouverie. Quelques bœufs tournèrent de mon côté ce grand œil rond d'où la lumière intérieure ne jaillit jamais et où la lumière extérieure seule se réfléchit, et j'eus comme l'ombre d'un remords devant l'ombre de ce reproche muet.

« Pourquoi viens-tu insulter, par ta curiosité, à notre

agonie ? » semblait me dire chacun de ces gros yeux ronds-là.

Pourquoi, en effet, étais-je là ? Je n'en savais plus rien.

Les gros yeux ronds me regardaient toujours.

Un de ces bœufs surtout m'attirait. Il avait la robe bai-acajou que l'on voit fréquemment reproduite dans les tableaux de Paul Potter, de Berghem et d'Albert Cuyp. Ses cornes spiralaient d'une façon originale. Sa croupe charnue, ses reins solides, sa forte encolure, ses membres courts et gros, — tout cela faisait joie à voir. Évidemment ce noble animal était plus fait pour la charrue que pour le pot-au-feu, plus fait pour être utile que pour être agréable. Troyon ou Rosa Bonheur l'auraient racheté, pour le *pourtraire* d'abord, — et après, pour le rendre au labourage.

Un bruit de sabots se fit entendre ; deux hommes entrèrent dans la bouverie, une corde à la main, allèrent droit au bœuf de Paul Potter, lui passèrent la corde autour des deux cornes, — et l'entraînèrent.

Je suivis le bœuf de Paul Potter.

VIII

Le Dieu reste, mais l'autel est démoli.

— Le descendant d'Apis sort de la bouverie, traverse

la cour et entre dans l'échaudoir, où trois hommes s'emparent de lui. Ce sont les sacrificateurs, — plus vulgairement connus sous le nom de bouchers.

Ces hommes ont le costume que vous leur connaissez : blanc d'abord, puis rouge., — à force d'être porté. Sur la fin, on ne sait plus de quelle couleur il est, par suite de l'accumulation des taches de sang qu'il a reçues. Ils ont ordinairement les bras nus, ce qui permet de voir et d'admirer leurs saillies musculaires si hardies et si michel-angesques. Les effets de biceps sont peut-être interdits dans la bonne société, — mais à l'abattoir ils sont commandés.

Ces hommes-là rappellent beaucoup les figurines des bas-reliefs égyptiens que l'on voit au musée du Louvre, à Paris, — et qui sont peintes en rouge, précisément. Même race musculeuse et trapue, solide sur ses hanches et sur ses poings : une réduction des colosses memphitiques, — procédé Collas.

Gustave Doré a dû les voir à l'œuvre souvent et s'en inspirer : car ses *bonshommes* ont la même musculature, la même exagération de biceps, le même torse, les mêmes jarrets. Ils pourraient tuer un bœuf d'un coup de poing et le manger après, — comme Milon le Crotoniate.

L'animal arrive à pas lents, sans rechigner cependant, — mais sans enthousiasme. Il a peut-être une seconde de lucidité, et alors, s'il voulait ou pouvait parler, il s'écrierait avec l'amertume de je ne sais plus quel empereur romain : « Je sens bien que je deviens dieu !... »

Un des sacrificateurs le prend par une corne, un autre par l'autre, et le troisième, — c'est le grand pontife, celui-là ! — saisit un petit instrument qu'on appelle un nervoir, et qui ressemble à une fleur de lys dont la poignée en bois forme la tige ; puis, s'approchant du condamné, il lève le bras et l'abaisse rapidement entre les deux cornes...

Le bœuf ne pousse pas un cri, ne fait un reproche à personne, ne se venge sur personne : il se contente de faire un ou deux tours sur lui-même, — comme un homme qui vient de recevoir un coup d'épée en plein cœur, — et puis après il s'abat sur le flanc... *Consummatum est !*

Ainsi meurent les bœufs, — ainsi naissent les beefsteaks.

LE DERNIER TAPIS-FRANC

I

Il y avait autrefois, dans tous les champs de foire, — avec la permission des autorités, — une baraque devant laquelle je m'arrêtais volontiers.

Il ne s'agissait là ni d'une géante, — ni d'un macrocéphale, — ni d'un albinos, — ni d'un homme-squelette, — ni d'un nègre mangeur de tabac, — ni d'un Béni-Mouffetard avaleur de sabres, — ni de frères siamois, — ni de sœurs jumelles, — ni d'un singe mathématicien, — ni de dames bâtonnistes, — il s'agissait d'autre chose.

Le pître de cette baraque annonçait — entre deux lazzis — qu'on voyait là-dedans un animal fabuleux, « produit incestueux d'une carpe et d'un lapin ». Alléché par cette annonce, on entrait, — et l'on se trouvait en présence d'une carpe qui frétillait dans un baquet, et d'un adorable Jean Lapin qui déjeunait tranquillement de fanes de carottes, après avoir mangé les carottes de ces fanes.

On cherchait des yeux « le produit incestueux », et l'on ne trouvait que le maître de la baraque, qui vous disait avec le plus grand sérieux du monde :

« Mesdames et Messieurs,

« L'enfant nous a été emprunté ce matin par l'illustre M. Cuvier, de l'Observatoire, pour le montrer aux doctes membres de l'Académie royale de médecine ; mais voici le père et la mère... »

Et, d'un geste aussi tranquille que sa conscience, il montrait la carpe et le lapin !

Je dois ajouter qu'il y avait des gens qui regardaient avec curiosité cette carpe et ce lapin, et qui, après les avoir regardés pendant un assez long temps, s'en allaient en disant :

— « Ces deux animaux sont très étranges. Ils ne ressemblent pas aux autres... »

En effet : car le lapin mangeait au lieu d'être mangé, et la carpe frétillait dans l'eau au lieu de frétiller dans la poêle.

II.

Eh bien, j'ai éprouvé la même déception en voyant le cabaret du *Lapin-Blanc* qu'en entrant dans la baraque du « produit incestueux ».

Le père et la mère de ce tapis-franc de la rue aux Fèves existent, — mais le tapis-franc n'existe pas. L'illustre M. Eugène Sue le leur a sans doute emprunté pour le montrer aux lecteurs de ses *Mystères de Paris.* En tout cas, je vous certifie que vous le chercheriez en vain rue aux Fèves : il n'est ni là — ni ailleurs.

L'imagination est une belle chose tout de même. Je parle aussi bien de celle des romanciers que de celle des lecteurs de romans. J'avais la cervelle pleine de cette tragique histoire racontée par Eugène Sue aux lecteurs du *Journal des Débats*, et je comptais bien rencontrer chez la mère Ponisse quelques-uns des personnages qu'il a donnés comme les pratiques de cette *ogresse*, — par exemple le fameux *Maître-d'École* et la *Borgnesse*, ou le *Chourineur* et la *Goualeuse*, ou *Bras-Rouge* et la *Tourneuse*, ou n'importe quel autre *escarpe* et quelle autre *largue*. Il faisait précisément ce soir-là le temps dont il est question aux premières pages du roman, — c'est-à-dire pluie d'hiver et nuit noire. Les ruelles malsaines de la Cité étaient suffisamment désertes pour n'inspirer aucune confiance. J'avais donc tout lieu d'espérer que j'assisterais à quelque drame aussi corsé que l'*Auberge des Adrets* de Benjamin Antier, ou que la *Nuit du vingt-quatre février* de Verner.

Je tombai sur un vaudeville : aucun *grinche* ne fit ma montre, — absente d'ailleurs, comme toujours;

aucun *escarpe* ne répandit pour un sou de mon *raisiné* sur le pavé du tapis-franc.

III

D'abord, la mère Ponisse ne s'appelle pas Ponisse; elle n'est pas *ogresse*, — et elle ne connaît « que de réputation » messieurs *Bras-Rouge*, *Chourineur*, *Maître-d'École* et autres.

Quant au père Ponisse, il s'appelle M. Mauras, — par la même raison sans doute que sa femme ne s'appelle pas la mère Ponisse. En outre, ce qui exclue toute supposition désagréable pour lui, il est rasé, dodu, prud'hommesque, et ressemble au « vertueux M. Germeuil », que jouait si bien le « vertueux Moëssard ». J'oserai même ajouter qu'il a une casquette à côtes et à visière qui, seule, lui assurerait des droits au prix Monthyon, — s'il n'en avait pas déjà par lui-même.

Voilà pour l'*ogre* et l'*ogresse*.

Quant au *tapis-franc*, il tient du cabaret de barrière par ses tables et par ses verres, et du chauffoir de prison par son poêle et par ses habitués, — qui sont cependant de très honnêtes gens du quartier.... Les siéges seuls ont des allures Tour-de-Nesle, car ils sont en chêne bruni par l'usage, et ils ont un trèfle au milieu pour permettre à la main de les prendre.

Au-dessus du comptoir, empaillée, est l'enseigne de ce célèbre cabaret. C'est un lapin blanc dont les yeux rouges — absents — sont remplacés par une faveur de même couleur qu'il porte au cou comme un grand d'Espagne. Il ne manque à cette enseigne que des roulettes pour amuser tout à fait les enfants.

Au-dessous de ce lapin sont des bocaux et des bouteilles renfermant les mystérieuses liqueurs avec lesquelles les gens qui ont soif essayent de remplacer le vin, — comme on remplace l'or par le vert-de-gris. Il y a de l'absinthe, du sirop de gomme, du Parfait Amour, du Vespétro, du Raspail, et de l'eau-de-vie qui est moins vieille que les tabourets, — probablement parce qu'elle a moins servi.

Tout autour de la salle sont des *images* : il n'y a pas un coin de mur, grand comme la main, qui n'en soit couvert. On y voit des dessins représentant les différentes scènes des *Mystères de Paris*; des portraits de représentants du peuple à côté de charges du Journal *Le Diogène*; Saint Éloi et M. Eugène Sue; une Vierge et Céleste Mogador; Estelle et Némorin; M. Crémieux et Pierre Dupont; Fualdès et Taglioni, etc., etc. On y voit même le buste de Brutus, avec des lunettes et un chapeau de jardinier, regardant gravement le lapin blanc et sa faveur rouge.

On me permettra de ne pas m'extasier devant ces merveilles artistiques qui brillent plus par la quantité que par la qualité. Je ne suis pas un critique d'art assez impartial pour faire convenablement l'éloge de cette exposition, qui doit cependant avoir son charme—pour les aveugles. C'est le moment, ou jamais, d'arborer la devise d'Horace et de milord Bolingbroke : *nil admirari*.

On me permettra d'avoir la même indifférence à l'endroit des nombreuses pièces de vers manuscrites qui décorent de la même façon les murailles de cet honorable établissement. Je suis incompétent en poésie comme en art, et je m'en tiens aux deux ou trois poëtaillons que j'ai appris à connaître en apprenant à lire : je veux parler des nommés Ronsard, Mathurin Régnier, Victor Hugo, Théophile Gautier, Musset et quelques autres. Quant aux poëtes de talent qui ont eu la générosité de dépenser toute leur verve à célébrer les louanges du *Lapin-Blanc*, — lorsqu'il leur serait si facile de travailler pour les bonbonniers et les mirlitonniers de la rue des Lombards, — je me contenterai de dire d'eux ce qu'Odry dit de je ne sais plus qui : « Hommes étonnants ! Hommes étonnants ! »

IV.

M. Mauras est très fier de son « petit musée ». Ses habitués partagent le même enthousiasme, — pour les mêmes raisons que lui, probablement.

Cela m'amène à vous dire quels sont ces habitués, après vous avoir dit quels ils n'étaient pas.

Peut-être qu'il y a parmi eux — comme partout ailleurs — des vagabonds, des fainéants, des gouapeurs, des apprentis grinches et des professeurs de langue verte; car enfin le cabaret du *Lapin-Blanc* n'est pas précisément le café Cardinal, et la rue aux Fèves n'a pas la prétention de rivaliser de candeur avec un lis. Ce qu'il y a de certain, c'est que ce tapis-franc n'est pas hanté par les ivrognes. J'y ai été deux fois, — la seconde fois pour m'assurer que je ne m'étais pas trompé la première fois, — et j'ai pu constater que les hôtes de M. Mauras ne buvaient guère. Quand ils ont soif, ils vont à la porte, où se trouve un bidon plein d'eau.

Pourquoi va-t-on dans ce cabaret, alors?

Pourquoi? Ma foi! vous êtes bien curieux. Faites comme moi, allez-y — par curiosité. Vous verrez là des *blousiers* qui viennent fumer et causer de la neige et du soleil, entre deux verres d'eau puisés au bidon, — et vous regardent les regarder. Beaucoup d'honnêtes bourgeois ont voulu faire connaissance avec le tapis-franc si complaisamment décrit par Eugène Sue, et, comme les hercules de la police avaient depuis longtemps nettoyé ce cabaret d'Augias, les honnêtes bourgeois n'ont fait connaissance qu'avec une boutique de brandevinier ordinaire. J'ose espérer — au nom de la morale — qu'ils ont été satisfaits de se casser ainsi le nez.

Il paraît, cependant, que quelques curieux ont été

mécontents et qu'ils ont manifesté tout haut leur déception, car voici un quatrain que je détache du mur du *Lapin-Blanc* pour l'offrir à mes lecteurs, — dans toute la naïveté de sa prosodie et de sa ponctuation :

« Renommé lapin blanc dis-moi pourquoi
Nous avons eu la visite de Gustave Leroi
Il pensait trouver bras rouge et l'ogresse
Dans cette antique et progressive Lutece. »

V.

Je n'ai pas l'honneur de connaître M. Gustave Leroy, mais cela ne m'empêche pas de déclarer qu'il ne méritait pas plus qu'un autre ce quatrain ironique— et injuste.

Il avait le droit de compter sur une autre mise en scène que celle dont dispose l'*impressario* actuel du cabaret de la rue aux Fèves. Il avait lu l'annonce du spectacle dans le roman de M. Eugène Sue ; et, bien qu'elle datât d'un peu loin, il pouvait croire que le spectacle n'était pas changé. Il est venu, il a vu, — et il a probablement sifflé. C'était toujours — à peu près — la même pièce ; mais ce n'étaient plus les mêmes acteurs. La troupe d'argent était remplacée par la troupe de zinc. Comprenez-vous *Robert Macaire* mimé par Debureau — au lieu d'être joué par Frédérick-Lemaître?... C'est l'effet produit aujourd'hui par le cabaret du *Lapin-Blanc*, — qui ne vit que sur sa réputation.

Peut-être, après tout, qu'il vit bien, ce cabaret, — à en juger par la mine pansue de ses propriétaires. En tout cas, je doute qu'il vive longtemps. « L'antique et progressive Lutèce » — pour parler comme le quatrain — fait peau neuve en ce moment, et la Cité aura son coup de pioche complet avant qu'il soit peu. La rue de la Barillerie a déjà disparu avec un morceau du Marché-Palu. Les rues immondes qui y aboutissent et qui déshonorent ce coin de Paris ne tarderont pas à être démolies, — la rue aux Fèves avec les autres.

Il ne restera plus d'autre ressource au *Lapin-Blanc* exproprié que d'aller se réfugier au Muséum, section des empaillés.

Que ceux qui l'aiment le suivent!

VI.

Lorsque la rue aux Fèves, la rue de la Calandre, la rue Saint-Éloi, la rue Saint-Christophe, la rue Cocatrix, la rue Gervais-Laurent, et quelques autres, auront subi le sort de la rue de la Barillerie, le Moyen Age aura vécu.

Ah ! *compaings de galles* du temps jadis ! Pipeurs de dés, batteurs d'estrade, tailleurs de faux coings, bohèmes *sans croix ne pile*, moines défroqués, truands et truandes, commères, chambrières et *chevaucheuses d'escovettes*, qui avez fait et chanté de si folles choses sur ce vieux pavé de la Cité, on va jeter à la voirie les derniers pans de murailles qui ont pu vous voir passer, belles gouges et bons raillards ! Dans quelques années d'ici, on aura planté des arbres et bâti de vraies maisons en vraie pierre, sur le sol même où étaient vos nids, oiseaux sinistres ! vos bouges, bêtes fauves ! vos trous, vipères ! Dans quelques années on ne saura plus où étaient la rue Sainte-Marine, la rue Charoui, la rue de la Pomme, la rue Sainte-Croix, la rue Gervais-Laurent

« Où maintes dames ygnorents
Y maingnent qui de leur quiterne »,

la rue des Marmousets, la rue Saint-Landry

« Où demeuroit Guiart Andri »,

la rue de l'Image, la rue de la Colombe, la rue de la Grande-Orberie, la rue de la Calendre, la rue aux Fèves, la rue Glatigny

« ... Où bonne gent
Maingnent, et Dames o cors gent
Qui aus homs, si com moi samblent,
Volentiers charnelment assamblent, »

et une vingtaine d'autres rues de même farine, — ou plutôt de même charbon ; car elles étaient bien noires ces rues, — bien noirs aussi leurs habitants, lesquels revenaient de droit au diabolique *Boulanger qui met les âmes au four !*

Il doit avoir bien des pratiques, ce boulanger-là.

VII.

Bons Parisiens, dormez tranquilles. Le métier d'*escarpe* devient chaque jour de plus en plus inexerçable, et les artistes en surin commencent à s'expatrier. Nous espérons même que bientôt l'*Abbaye de Monte-à-Regret* du département de la Seine chômera — faute de moines.

MONSIEUR DE PARIS

I

Je passais, un jour d'été, dans une des petites rues d'un petit village qui confine aux fortifications et à Neuilly, — le village Levallois. Je m'arrêtai devant une porte entre-bâillée, au-dessus de laquelle se tenaient gravement deux lions peints en ardoise, — qui se regardaient en chiens de faïence.

Quand une porte est entr'ouverte, c'est une invitation à la curiosité ; je l'ai du moins toujours compris ainsi. Je plongeai dans l'intérieur. Il y avait un jardin qui ressemblait à tous les jardins du monde, — je veux dire à ce qu'on est convenu d'appeler des jardins dans la banlieue de Paris : trois arbres fruitiers aussi stériles que le figuier de l'Évangile, une tonnelle couverte d'aristoloches, quelques tulipes jaunes — et beaucoup de persil.

La journée s'avançait, le soleil avait perdu de son ardeur, et, dans ce jardin, sous cette tonnelle, un groupe de trois personnes profitait de cette faiblesse du soleil : une jeune personne en robe claire, une dame d'un âge incertain et un homme d'un âge plus incertain encore.

Ce groupe causait, mais il ne riait pas ; il souriait — de peur sans doute d'offenser la tristesse des passants. Quelque chose d'honnête, de chaste, de bonhomme, de patriarcal dans le goût des adorables dessins de Ludwig Richter, — entre autres « l'Après-midi de la mère, » *Las Nachmittags der Mutter.* C'était d'autant plus ce dessin, que la jeune fille lisait dans je ne sais quel livre, pendant que la dame âgée, es yeux à moitié clos par la somnolence, les mains croisées sur l'abdomen, souriait doucement, — comme dans le dessin de l'artiste allemand.

Vous savez quelle vagabonde est notre imagination : les comètes ne décrivent pas d'ellipses plus insensées, de paraboles plus extravagantes. J'oubliai très vite que j'étais rue Félix, dans un affreux village de la banlieue parisienne, et, avec cette facilité que nous avons à transposer les lieux et les décors, je m'imaginai que cette famille si placide était en ce moment dans un faubourg de Bonn ou de Cologne, sous une tonnelle regardant le Rhin, — et parlant la langue de Goëthe ou de Schiller au lieu de parler la langue de M. Paul de Kock.

Je serais resté là longtemps, probablement, — tant les spectacles limpides ont d'attrait pour moi. Par malheur, je fus aperçu dans ma contemplation par quelqu'une des trois personnes qui prenaient le frais dans ce jardinet de la rue Félix, et aussitôt, sans que j'eusse eu le temps de m'y reconnaître, la porte s'était refermée sans bruit — comme les trappes des théâtres de féerie.

Je restai en face des deux lions en ardoise, qui cessèrent alors de se regarder en chiens de faïence pour me regarder de la même façon, — trouvant sans doute que mon incivile curiosité valait bien cela.

Pourquoi cette porte s'était-elle ainsi refermée sur moi? Un caniche regarde bien un évêque sans que l'évêque en soit offusqué : ne pouvais-je donc regarder ce monsieur et ces deux dames? Ce monsieur, en somme, était moins qu'un évêque et il ne s'habillait pas de violet!

Ce monsieur — je l'appris le jour même — était au-dessus d'un évêque. Ce monsieur aurait pu s'habiller de rouge. Ce monsieur était — Monsieur de Paris.

II

Le souvenir de cette petite maison aux lions couleur d'ardoise de la rue Félix, — cachée dans la solitude du triste village Levallois, qui plante des maisons au lieu de planter des arbres, — ce souvenir me revient toujours, je ne sais pourquoi, chaque fois que je vagabonde sur les boulevards extérieurs, aux environs de la barrière Saint-Jacques.

Cette place est sinistre, cette barrière est comme maudite. Elle ne mène nulle part, on n'y passe que pour ses affaires et non pour son plaisir.

Je ne fais pas là, certes, de la fantaisie et de la mise en scène. Ce n'est rien, sans doute, qu'une place sans monument indicateur, sans inscription et sans poteau. Il y a là des pavés comme sur toutes les places, et, tout autour, de magnifiques tilleuls comme autour de n'importe quel rond-point. Rien ne crie, rien ne se lamente, rien ne proteste. Seulement, les vieux arbres inclinent de temps en temps leurs vieilles branches grises de poussière, d'un air presque mélancolique, — comme pourraient le faire des vieillards avec leurs têtes chenues! Seulement, il n'y a pas ou presque pas de maisons autour de ce Golgotha des misérables larrons et des assassins vulgaires! Seulement, pour l'œil et pour l'esprit du rêveur qui interroge tout, — depuis la couleur des pavés jusqu'au frémissement des arbres, — c'est là un lieu maudit, un lieu sinistre, un lieu de mort!

Oui, l'herbe pousse là comme sur un honnête sentier! Oui, les oiseaux chantent et sautent sur les branches de ces vieux arbres qui ont assisté pendant vingt-cinq années au dénoûment brutal de tant de drames judiciaires! Oui, — parce que la nature est d'une superbe indifférence pour les douleurs humaines, — parce qu'elle n'a de soucis que pour chacune des graines qu'elle fait germer et se développer, — parce qu'elle n'a de tendresses que pour ses œuvres immortelles! La créature périssable ne l'émeut pas. L'homme n'est que l'accessoire de sa création grandiose. Il peut mourir sans qu'elle voile sa face auguste et sereine devant son agonie, — sans qu'elle interrompe un seul instant sa mission souveraine! Ah! cirons humains, parce que vous faites des livres et que vous bâtissez des cathédrales, vous croyez valoir mieux qu'un brin d'herbe?... Regardez de votre dernier regard, de votre regard de moribond : les prés sont plus verts, le ciel plus bleu, les fleurs plus parfumées! Écoutez: jamais les oiseaux n'ont gazouillé de plus joyeuses chansons!...

En traversant la barrière Saint-Jacques et en songeant à sa destination, je n'ai jamais pu m'empêcher de songer à cette boutade funèbre de Danton : « Il y a des verbes qui ne peuvent se conjuguer dans tous leurs temps... On dit bien : *Je serai guillotiné!* mais on ne dit pas : *J'ai été guillotiné!*... »

Ah! si l'on pouvait dire cela! Au moins on saurait à quoi s'en tenir sur bien des choses!...

III

C'était là qu'on guillotinait il y a quelques années encore. La barrière Saint-Jacques après la place de Grève !

Ils n'avaient pas loin à aller, ces corps sans tête, pour réunir leurs tronçons,— car le cimetière des hospices était là, à deux pas, à côté du cimetière Montparnasse. Ces deux nécropoles existent toujours, séparées par le mur de l'intolérance,— comme deux sœurs ennemies.

L'une a une entrée de bonne maison, avec avenue seigneuriale, gardiens en tricorne et en tunique bleu de roi, et les sépultures qu'on y voit sont bâties pour durer longtemps, — plus longtemps que le souvenir des gens qui sont dedans. A chaque pas, l'œil du promeneur le plus indifférent est forcé de se mouiller des douces larmes de l'attendrissement en s'apercevant que toutes les vertus se sont réfugiées dans cette somptueuse villa : *Bon père, bon époux, bon citoyen ; excellente fille, excellente femme, excellente mère ;* etc., etc., etc. Il n'est pas étonnant que les vivants en aient si peu ! Et comme c'est bien l'histoire de la fameuse jument de Roland, qui avait toutes les qualités,— sauf qu'elle était morte !...

L'autre cimetière — le voisin de cet orgueilleux accapareur de toutes les vertus sociales — se cache sous l'herbe comme la violette, et il sent aussi bon qu'elle. Je n'exagère pas. Il y a, au milieu d'un mur qui n'en finit pas, une grande porte charretière qui pourrait s'ouvrir si elle le voulait, — mais qui ne s'ouvre presque jamais : à quoi bon ? Les petits ne doivent-ils point passer par la petite porte ?...

Cette petite porte est bonne enfant comme tout. Il y a un loquet, une bobinette, je ne sais plus quoi : on tire — et la petite porte s'ouvre. Vous êtes dans un jardin. A droite, des lilas et du jasmin ; à gauche, la maison du portier, qui n'a pas d'uniforme et qui ne vous demande pas où vous allez. Pourquoi s'en informerait-il, cet homme ? Cette précaution n'est de mise que dans les riches hôtels où il y a des marquises au second et des lorettes au premier ; mais là, dans cette pauvre maison hantée par des gens de peu, — les uns pauvres et les autres criminels, — qui songerait à vous arrêter pour savoir ce que vous venez faire ?...

On entre donc, — étonné d'abord. On croit s'être trompé, on va faire un mouvement de retraite, c'est une ferme : il y a là des poules qui picorent sur un tas de fumier, — il y a deux ou trois chèvres blanches qui broutent l'herbe verte, — il y a un brave homme de chien assis sur son arrière-train en regardant philosophiquement courir les nuages, — il y a des fleurs, — il y a des fruits, — n'y aurait-il pas aussi une étable ?... On avance cependant, — enhardi par le silence mystérieux et particulier de cette retraite. Ce n'est décidément pas une ferme; le chien n'aboie pas, le coq ne chante pas, les chèvres ne bêlent pas, le portier et sa famille vont et viennent sans sonner mot, — parce que ces vivants savent qu'ils sont dans le voisinage des morts.

On avance donc, et l'on se trouve dans un îlot de verdure, où poussent d'une façon exubérante les chardons, les laitues, les laîches, les bardanes, les graminées, les orchis et les giroflées. Des cyprès, des peupliers, quelques saules et quelques acacias, — telles sont les essences d'arbres de cette petite forêt dont le sol est jonché de pierres sépulcrales, sans inscriptions pour la plupart. Des suicidés, vieux et jeunes, sont là, couchés : des vieux qui avaient trop attendu, des jeunes qui n'avaient pas su assez attendre, — des fatigués et des impatients, des passés et des futurs !

C'est la partie pittoresque de ce cimetière. Le reste n'a pas d'herbes, pas de plantes, pas d'arbres; il est planté de pierres, — comme le village Levallois dont je parlais tout à l'heure.

De pierres et de croix noires, — plus de croix encore que de pierres. Car une pierre, cela coûte encore dans les vingt francs, — et une croix de bois ne va que dans les vingt sous. N'oublions pas que c'est le cimetière des pauvres et des suppliciés.

On n'y rencontre personne dans la journée ; seul, le fossoyeur, — en chemise de toile écrue, tannée comme sa peau qui reluit sous la sueur, — trouble du bruit de sa pioche le silence de ce champ d'asile. C'est toujours le tableau de Shakspeare, — peint par Delacroix. La pioche du fossoyeur, en creusant la fosse de ce soir, — une large fosse, car elle est destinée à la petite voiture verte de la Morgue, — a rencontré quelques ossements humains. Un crâne roule sous ses pieds : il le prend et le met de côté. C'est peut-être le crâne de quelque Yorick, de quelque bouffon de place publique qui s'en est allé mourir de faim à l'hôpital, après avoir fait mourir de rire par ses lazzis des cuisinières et des troupiers, — n'est-ce pas, Horatio? n'est-ce pas, Hamlet?... *Alas, poor Yorick!*...

En restant là jusqu'à la brune, — jusqu'à l'aube des mouches, — on voit entrer cette petite voiture verte, traînée par le gardien de la Morgue. Et souvent, en même temps que celle-là, arrive la voiture des hospices, — c'est-à-dire des amphithéâtres. L'une et l'autre s'en viennent là sans tambour ni trompette, — et, en un tour de main et de bras, les serpillières qui contiennent des débris humains sont vidées dans la grande fosse creusée dans la journée par le fossoyeur. Enterrez, enterrez toujours! chacun reconnaîtra bien les siens au grand jour du jugement dernier!

Au temps de Mercier, cela ne se passait pas ainsi.

Le cimetière des suppliciés et des hospices n'était pas là où il est aujourd'hui : il était entre la place Scipion et la rue des Francs-Bourgeois-Saint-Marcel, sur l'emplacement de l'ancien hôtel Clamart. Tous les matins, à quatre heures, un chariot traîné par douze hommes, — « avec un prêtre sale et crotté, une cloche et une croix », dit l'auteur du *Tableau de Paris*, — partait de l'Hôtel-Dieu. La cloche derlinait et chambrollait à battant que veux-tu, réveillant ainsi sur son passage les plus endormis, qui, une fois réveillés, ne se rendormaient plus, — au grand détriment de leurs femmes, bientôt enceintes. Merveilleux équilibre, n'est-ce pas ? Ces morts qui s'en allaient à leur dernier gîte semaient des vivants pour les remplacer et boucher les vides qu'ils venaient de faire momentanément dans la société !

Ce chariot — au dire de Mercier — pouvait contenir jusqu'à cinquante corps. On mettait les enfants entre les jambes des adultes. On versait ces cadavres dans une fosse large et profonde. On jetait dessus de la chaux vive. Le prêtre bénissait la terre d'alentour — et tout était dit.

Est-ce que ce chariot d'autrefois ne vous rappelle pas celui de la *Peste d'Elliant*, — le remarquable tableau de Louis Duveau, exposé au Salon de 1849 ?

IV.

Ces boulevards extérieurs sont si verdoyants, si tranquilles, si frais, que je les ai toujours préférés aux boulevards intérieurs, — si pleins de bruit, de soleil, de poussière, de passants et d'ennuyeux.

Les choses et les gens qu'on aime, on les fréquente. Je me promenais donc volontiers, il y a quelques années, le long de ces arbres quasi centenaires, — et je ne m'y promenais pas seul : Tom était avec moi.

Tom, je m'empresse de l'ajouter, était un très honnête barbet très jeune — qui ressemblait à un vieux grognard.

Nous étions sortis, lui et moi, un matin, vers les cinq heures, pour aller nous regaillardir aux premiers rayons d'un soleil d'été, et nous suivions depuis un quart d'heure le boulevard des Gobelins, lorsque j'aperçus sourdre, de toutes les rues qui partent du faubourg Marceau pour aboutir à ce boulevard, de petits torrents d'ouvriers et d'ouvrières, tous courant comme pris par une panique ou par une velléité de dévouement. Ils suivaient le boulevard en tournant le dos à la Seine.

— Il y a quelque incendie dans les environs, pensai-je.

Et, tout naturellement, je hâtai le pas pour suivre cette foule qui grossissait de minute en minute.

— Braves gens! murmurai-je tout en courant aussi, sans me préoccuper du barbet qui s'amusait aux bagatelles du chemin. Braves gens! On vous calomnie! Vous valez mieux que vos habits, — qui ne valent rien! Vous désertez quelquefois l'atelier pour le cabaret, et l'on vous en fait reproche... Aujourd'hui vous délaissez vos rudes travaux, votre gagne-pain, pour courir éteindre un incendie, sauver la fortune et la famille de quelque bourgeois! C'est bien, c'est beau, c'est honnête ce que vous faites-là, faubouriens!....

Je courais toujours, — et vous savez qu'à force de courir on finit par arriver quelque part. Je ne savais pas exactement encore où j'étais arrivé, — mais j'étais arrivé. Devant moi, une foule compacte, épaisse, enluminée par la course et par la curiosité. Derrière moi, une autre foule qui se hâtait pour se joindre à la première.

— Où est donc le feu, Monsieur? demandai-je à un de mes voisins.

Le « Monsieur » auquel je m'adressais avait un bourgeron blanc, un pantalon de velours et les yeux « culottés » par les veilles malsaines. Il se retourna de trois quarts, dédaigneusement, et, ne comprenant pas ma question, me regarda un instant avec un sourire qui m'aurait déplu dans un autre moment, —

puis, sans me répondre, se mit à regarder là où il regardait auparavant.

Étonné, je regardai aussi — devant moi. Il y avait au milieu d'un rond-point, entourée de gardes municipaux à cheval, le sabre nu, une machine rouge. C'était la guillotine...

Je n'avais tant couru que pour m'offrir le spectacle que j'avais toujours fui avec acharnement !

V.

J'ai l'horreur la plus grande de l'hypocrisie, — l'odieuse feuille de vigne des vices. Je n'aime pas plus les gens qui font parade de tendresses qu'ils n'ont point, que ceux qui font étalage de cruautés dont ils sont incapables. La *pose*, en quoi que ce soit, m'est désagréable : prenez-moi, s'il vous plaît, pour ce que je suis, car mentir aux autres c'est mentir à soi-même, et tout mensonge est une fatigue.

Cette machine rouge me fit affreusement pâlir; et, pour un peu, je crois que je me serais évanoui, tant l'émotion que j'éprouvais était forte.

J'en demande d'avance pardon à ceux qui n'aiment point la sensibilité, — mais j'ai pour elle le plus profond respect, et je ne lui rebrousse jamais le nez quand je la surprends chez les autres : je l'admire beaucoup, au contraire.

« Vous êtes orfèvre, monsieur Josse! »

Je suis orfèvre, soit! Orfèvre aussi était ce grand écrivain qui avait nom Sterne, quand il faisait l'éloge de la sensibilité.

« *Dear Sensibility! Source inexhausted of all that's precious in our joys, or costly in our sorrows! Eternal fountain of our feelings! All comes from thee, great, great Sensorium of the world!...* » Chère sensibilité! Source inépuisée et inépuisable de tout ce qu'il y a de plus pur dans nos joies, comme de tout ce qu'il y a de plus précieux dans nos tristesses! Éternelle fontaine de nos émotions!... Tout part et vient de toi, grand Sensorium du monde!

Et Sterne avait bien le droit de dire cela, — lui qui nous a laissé ces adorables chapitres qui portent pour titre : *Maria*, l'*Histoire de Lefèvre*, l'*Ane Mort*, *le Caporal Trim*, *Esclavage et Liberté*, et tant d'autres pages, éloquentes comme autant de chefs-d'œuvre.

Et quant à moi, qui n'ai pas ce droit, — je le prends.

Cette foule humaine, grouillante et suante de plaisir, autour de cet instrument de mort qui balançait ses grands bras rouges au soleil le plus éblouissant de l'année, — cette foule me révolta. Je voulus me retourner et fuir, — tant l'horreur me serrait à la gorge, au cœur et à l'esprit. Fuir était impossible : j'étais enfermé entre de puissantes murailles de chair. On attendrit les rochers, — les hommes, jamais ! Ah ! les bêtes fauves, — bien fauves et bien bêtes !

J'étais donc cloué là, n'en pouvant plus.

Mes voisins riaient et se contaient mutuellement des facéties — en attendant que la toile se levât et que le drame commençât. Mes voisins — et aussi mes voisines : car il y avait des femmes dans cette foule. Les femelles de ces mâles, parbleu !

Quelle heure était-il? Je l'ignore. Depuis combien de temps étais-je là? Je ne l'ai jamais su. Ce que je me rappelle, c'est que le soleil rayonnait joyeusement au-dessus de cette place et enluminait les faces — déjà suffisamment enluminées — de la multitude. Un soleil de fête! Mais, après tout, c'était fête, n'est-ce pas, puisque le peuple avait un spectacle gratis? Les fontaines de vin et les corbeilles de saucissons manquaient, cependant.

Tout à coup, un long hurrah éclata comme un tonnerre sur toute la ligne des boulevards, depuis la barrière Saint-Jacques jusqu'à la barrière des Gobelins en aval, et, en amont, depuis la barrière Saint-Jacques jusqu'à la barrière d'Enfer. Les oiseaux qui avaient eu le courage de rester là, sous leurs ramures, s'envolèrent effrayés devant ces clameurs sauvages.

— Le voilà ! Le voilà ! Le voilà ! criait la foule, — comme si elle eût entendu les trois coups du régis-

seur de l'Ambigu-Comique, lorsqu'on joue *le Facteur
ou la Justice des Hommes.*

Une voiture cellulaire, noire, jaune et rouge, attelée de deux vigoureux chevaux de poste, et escortée de gardes municipaux, le sabre au poing, arrivait au galop, fendant les flots — aussitôt refermés — des curieux et des curieuses.

Deux ou trois plaisanteries cyniques vinrent rebondir à mon oreille, — comme autant de jets d'ordures corrosives. Je regardai ceux qui les avaient crachées, — ne voulant pas regarder ailleurs, de peur de voir. Ces gens avaient pourtant l'air d'honnêtes gens, — quoiqu'au fond beaucoup d'entre eux ne le fussent pas. Je regardai çà et là, dans cet océan de têtes humaines qui n'avaient pas assez d'yeux pour voir ce qui allait se passer; et, de même que Xerxès avait pleuré en contemplant son armée à l'idée qu'en moins de cent ans les soldats qui la composaient seraient tous morts, de même je fus sur le point d'en faire autant en contemplant cette foule joviale — à l'idée qu'avant dix ans peut-être beaucoup de ceux qui venaient assister à l'exécution de ce misérable assisteraient à la leur propre.

Le silence ne tarda pas à se faire sur toute la place. Le drame commençait : les acteurs venaient d'entrer en scène, — le patient gravissait péniblement les quatre marches qui le séparaient de la plate-forme. Un prêtre et un des aides de l'exécuteur le soutenaient. M. de Paris était déjà sur l'échafaud, en redingote à la propriétaire et en chapeau tuyau de poêle : il salua d'un petit coup sec, regarda les deux montants de l'horrible machine, s'assura que la ficelle qui retient en haut le couperet était en bon état — et remit son chapeau sur sa tête.

Il y a des minutes dans lesquelles tiennent des heures, des heures dans lesquelles tiennent des siècles. Un siècle avait dû s'écouler, pour le malheureux qu'on allait guillotiner, dans le trajet d'une heure de la prison de la Roquette à la barrière Saint-Jacques. Que de choses il avait dû se rappeler dans cette heure-là, depuis sa naissance jusqu'à sa condamnation ! Le premier baiser de sa mère, — le premier coup de pied de son père, — la première maîtresse, — la première faute, — le premier crime ! Puis le village où il avait été nourri, marmot, — les rues de la ville où il avait joué, gamin, — les cabarets où il s'était grisé d'amour au litre et de vin malsain, — les rixes auxquelles il avait pris part, — les mauvais conseils qu'il avait reçus, — l'argent qu'il avait trop facilement gagné, — le chemin où il s'était embusqué pour détrousser un passant, — la lutte avec sa victime, — les cris qu'elle avait poussés sous les coups de son surin, — la bourse ramassée dans la boue et dans le sang, — les débauches troublées qui avaient suivi, — les agents de police qui l'avaient arrêté, — la cour d'assises, — le pourvoi rejeté, — la dernière nuit,

— la « toilette », — le confesseur, — les exécuteurs, — tout un monde !

Une heure s'était écoulée pour moi dans la minute comprise entre le moment où le « panier à salade » avait été signalé par les clameurs de la foule et celui où M. de Paris était monté sur la plate-forme pour s'assurer que tout allait pouvoir « marcher comme sur des roulettes ». Oui, il y eut une heure dans cette minute : les gens qui ont failli se noyer me comprendront. J'étais noyé en effet dans cette mer fangeuse de passions humaines ; les tempes me battaient, les oreilles me bourdonnaient ; je ne voulais pas regarder, et cependant j'avais les yeux grands ouverts, dilatés non par la curiosité, mais par l'horreur. Je voyais tout ce qui se passait autour de moi et devant moi à travers un crêpe rouge, — comme lorsqu'on a trop regardé le soleil. Je voyais rouge, mais je ne voyais pas trouble. Ainsi, je remarquai parfaitement que M. de Paris — qui venait de saluer l'assistance, — avait une mèche de cheveux par devant et qu'il était chauve par derrière : symbole vivant de l'ironique Occasion, — déesse cruelle qui allait faire un mort d'un de ses adorateurs !

Le patient venait d'être abandonné par le prêtre aux aides exécuteurs. Ceux-ci le poussèrent vitement vers les deux bras rouges qui l'appelaient vers eux ; M. de Paris tira la ficelle, un frémissement courut dans la foule : « La justice des hommes était satisfaite. »

Les spectateurs sortirent du théâtre bruyamment, comme ils l'avaient fait auparavant, et s'en retournèrent chez eux, — « les uns avec leurs femmes et les autres tout seuls. » Beaucoup ne quittèrent pas la barrière, — qui est entourée de cabarets.

Je comprends très bien que les Anglais appellent le peuple « *The Mob!* » Très *mob!* » Très *mob!* Très *mob!*

VI.

Toutes les fois que je lis dans un journal qu'un homme a été condamné à mort et que son pourvoi, ainsi que son recours en grâce, ont été rejetés, je ne peux m'empêcher de songer à cette petite maison si tranquille de la rue Félix, du village Levallois, à ses hôtes dont la physionomie est si patriarcale, à sa tonnelle d'aristoloche qui appelle les douces causeries et les chastes méditations, — à ses deux lions peints en ardoise, qui se regardent si obstinément en chiens de faïence.

Rue Félix! Il y a parfois de singuliers chocs d'idées dans le rapprochement de certains noms et de certaines choses!

Rue Félix!

LES HÉRITIERS DE CLOPIN TROUILLEFOU

I

Vous vous rappelez sans doute cet aimable et famélique poëte qui avait nom Pierre Gringoire, — lequel, après avoir vu brûler sa dernière espérance avec sa dernière paillasse, s'en allait chercher un gîte et un souper « à travers tous les méandres du vieux pavé des Halles, explorant ce que le beau latin des chartes appelle *tota via, cheminum et viaria !* »

Il fait nuit, les rues sont désertes ; Pierre Gringoire marche toujours. L'inconnu ne peut pas lui être plus désagréable que le connu ! Il a faim, il a soif, il est fatigué, — et il n'a ni vin, ni pain, ni lit. Que diable voulez-vous qu'il lui arrive de pis ?

Il est entré, sans le savoir, dans la cour des Miracles, sur le bord de laquelle il voit sauteler, — comme autant de crapauds un soir d'été, — une nuée de manchots, de culs-de-jatte, de boiteux et autres malingreux.

— *La buona mancia, Signor! la buona mancia!* lui grommèle un de ces crapauds humains.

— *Senor caballero*, lui souffle un autre, *para comprar un pedaso de pan!*

— *Facitote caritatem!* lui susurre un troisième.

— *Caritatem! Caritatem!* lui sonnent quatre ou cinq autres voix enrouées comme les trompettes de la renommée.

La charité à Pierre Gringoire! L'ironie est un peu violente! C'est Pierre Gringoire qui devrait la demander.

Il avance, néanmoins, — car, encore une fois, il n'a rien à perdre à avancer.

Il avance et aperçoit, dans un coin de cette fameuse cour des Miracles, un *narquois* qui essaye de se donner des airs de soldat malade, — un *malingreux* qui prépare, avec de l'éclaire et du sang de bœuf, sa *jambe de Dieu* pour le lendemain, — un *coquillart* qui étudie sa complainte de sainte Reine, avec la psalmodie et le nasillement obligés, — un jeune *hubin* qui prend sa première leçon d'épilepsie d'un vieux *sabouleux*, — et cent cinquante autres *francs-mitous* et *rifodés*, occupés de la même façon.

II

Ce qu'a vu Pierre Gringoire, — il y a bon nombre de siècles, — d'autres ont pu le voir il n'y a pas beaucoup de lunes. Les hommes meurent, mais les vices restent. Clopin Trouillefou a laissé des héritiers nombreux, — Clopin Trouillefou, roi de Thunes, successeur du grand Coësre, suzerain suprême du royaume de l'Argot, et ses compagnons Mathias Hungadi Spicali, duc d'Égypte et de Bohême, et Guillaume Rousseau, empereur de Galilée.

J'ai connu — et je connais encore — un vieux garde forestier des environs de Paris, qui, avant d'être cela, avait été autre chose. Il avait tenu à Passy une maison garnie dans laquelle logeaient tout spécialement des mendiants, des vagabonds, de faux aveugles et de faux paralytiques, qui se délassaient le soir très joyeusement de leurs hypocrisies de la journée.

C'étaient des gens « très malins » qui avaient hérité des secrets des hubins, des coquillarts, des malingreux, des narquois, des rifodés, des francs-mitous — et autres sabouleux du temps jadis. Nul mieux qu'eux ne savait feindre l'amaurose, la goutte sereine, la cataracte, le bras cassé, la jambe coupée, l'ulcère, la pustule, la gale — et le reste.

Du reste, ls ne se cachaient pas de leur hôtelier.

Ils se déboutonnaient gaiement devant lui, — parce qu'ils le savaient intéressé à se taire.

—Vous nous rencontreriez dans Paris, lui disaient-ils souvent, que vous ne nous reconnaîtriez pas!...

Et, de fait, le père B*** avait maintes fois donné pièce blanche, sur un pont ou ailleurs, à ses propres locataires, dont la misère et les infirmités l'avaient navré.

Aussi, quelle joie, le soir, quand ils pouvaient lui dire :

—Vous rappelez-vous, père B***, un pauvre diable de moribond à qui vous avez donné une pièce de cinq sous sur le quai de la Mégisserie?

— Oui, je m'en souviens ; c'était un squelette, une ombre humaine, un débris sans nom, n'ayant qu'un œil, qu'un bras et qu'une jambe...

— Eh bien! c'était moi!...

Et le borgne ouvrait ses deux yeux, agitait ses deux bras et dansait une gigue avec ses deux jambes!...

Le père B*** ne mentait pas en me racontant cela. Et d'ailleurs, avec ses souvenirs, j'ai les miens.

III

Je flânais, il y a quelques jours, autour de la Bourse, — comme font sans doute les damnés autour du paradis. Je contemplais d'un œil mélancolique les marronniers qu'on a essayé d'apprivoiser là, et qui se montrent si rebelles à toute éducation, c'est-à-dire à toute végétation. J'admirais leurs allures de colis bien ficelés dans leur toile d'emballage, ainsi que leur fraise en fer-blanc et leur crinoline en bois de cerceaux. J'admirais, n'ayant pas autre chose à faire pour le quart d'heure, n'ayant pas surtout les vingt sous indispensables pour aller boursicoter.

(Ici j'ouvrirai une courte parenthèse, pour une affaire personnelle. Il me manquait autrefois un sou pour acheter des billes; plus tard, un sou pour passer le pont des Arts; aujourd'hui, c'est vingt sous qui me manquent pour aller m'enrichir... Décidément, il me manquera toujours quelque chose!)

Je reprends.

J'étais donc en train d'admirer les marronniers de la place de la Bourse, — faute d'une autre occupation plus agréable, — lorsque je fus distrait de mon admiration par une femme...

Par une femme, je me trompe : par un débris de femme, en blouse bleue, en marmotte, et marchant sur les mains, dans une sébile. C'était un cul-de-jatte que j'avais eu maintes fois l'occasion de rencontrer dans Paris, sur les places, sur les quais, sur les ponts, faisant semblant de vendre des lacets d'une main et tendant l'autre pour recevoir le prix des lacets qu'on ne lui achetait pas.

Que venait-elle faire à la Bourse ?

Elle franchit lestement le quinconce et entra dans le corridor qui mène au tribunal de commerce. Je la suivis, — violemment intrigué. Elle marchait d'un bon pas, malgré ses pieds absents !

Elle monta l'escalier. Je le montai. Quand elle fut au deuxième étage, elle s'arrêta et chercha des yeux quelqu'un. Un employé passait : elle lui demanda où était la salle des faillites. L'employé lui indiqua une porte, elle entra, — et moi derrière elle.

Que diable venait-elle chercher là ? Je vous le donne en mille : elle venait tout simplement *produire ses titres*, — en sa qualité de créancière de je ne sais plus quel commerçant failli !

IV

Vous me direz peut-être que je suis bien bon d'avoir des étonnements pour si peu de chose, et que la vie parisienne est farcie d'étrangetés d'un calibre bien supérieur. C'est possible, mais je suis ainsi fait que tout ce qui est étonnant m'étonne. J'appartiens à la catégorie des naïfs.

Malgré moi, en songeant à cette pauvresse qui trouvait moyen de faire des affaires entre deux aumônes, je battis le rappel de mes souvenirs et je retrouvai dans ma mémoire des choses et des physionomies oubliées. Par exemple, je revis un jeune aveugle, sorte de Roger Bontemps du Pont-Royal, qui, le soir, après sa journée faite, s'en allait dîner chez un marchand de vins du quai Voltaire, qui portait pour enseigne : *Au rendez-vous de MM. les cochers.* Quand son dîner était fini, — et il durait assez longtemps, — il prenait le café, le pousse-café, la rincette, la sur-rincette et, tout en fumant son cigare, il jouait aux cartes ou racontait des gaudrioleries, ce qui le menait jusqu'aux confins extrêmes de la soirée. MM. les cochers riaient beaucoup. Moi, qui ne suis pas un cocher, j'étais attristé par le contraste de cette grosse gaieté avec une infirmité douloureuse.

Je me rappelai également ce cul-de-jatte que je rencontrais de temps à autre dans le faubourg Saint-Germain, et que je revis plus tard à la 7ᵉ chambre de la police correctionnelle, comme prévenu d'un tas de choses, — et, entre autres, d'avoir mordu un marchand de vin qui lui avait refusé à boire parce qu'il avait déjà trop bu.

Comme je n'écris pas mes Mémoires, je vous ferai grâce de mes autres souvenirs à ce sujet.

Cette paire-là suffit.

V

Je n'ai pas besoin de protester ici de mon profond respect pour toutes les infortunes en général et en particulier. Je ne suis pas millionnaire, et je ne le serai jamais, — il s'en faudra toujours de l'épaisseur d'un million. A ce titre-là, donc, mes paroles ne seront pas suspectes. Trimalcion seul avait le droit de ne pas croire aux pauvres.

Seulement, aucune loi au monde, j'imagine, ne pourra jamais me contraindre à respecter les gens qui font métier et marchandise d'un sentiment, et qui jouent de la charité comme de la clarinette : l'une leur rend des sons et l'autre des sous. Et puis, que voulez-vous? c'est plus fort que moi ; je n'ai jamais pu comprendre la misère avec une face épanouie ! C'est donc bien bon, la misère?...

Il y a certainement dans les rues de Paris beaucoup de malheureux dignes d'intérêt et de pitié ; aussi n'est-ce pas de ceux-là que j'entends parler ici, — mais des autres.

Avez-vous remarqué une chose, amis lecteurs? Pendant les grands froids que nous venons de traverser, et lorsque nous autres pauvres diables de fantaisistes nous étions forcés de braver la glace et la neige pour aller ramasser notre grain de mil, le nombre des mendiants avait singulièrement diminué : où étaient donc ceux qui n'étaient pas là ?

LA MÈRE MARIE

I.

Avant l'invention du chemin de fer, — ce diabolique successeur du paisible coucou, — les Parisiens songeaient très peu à aller, le dimanche, manger une friture à Asnières, ou une gibelotte à Aulnay, ou une omelette au lard à Montmorency. Ils ignoraient même complétement l'existence des bois ombreux, des prairies verdoyantes, et de tous ces beaux paysages du bon Dieu qui font la gloire des artistes et la fortune des marchands de tableaux. Pour eux, l'univers commençait et finissait à Paris ; il tenait tout entier dans cet amas de moellons et de cheminées auquel ces taupinières qu'on appelle Montmartre, Ménilmontant, la Montagne Sainte-Geneviève, servaient en quelque sorte de murailles naturelles, — plus infranchissables que les fameuses murailles de la Chine. Tout venait à eux et ils n'allaient nulle part. Ils ne s'inquiétaient nullement des provenances de leurs objets de consommation, — et on les eût beaucoup étonnés en leur apprenant que les côtelettes sont faites avec des moutons, les roastbeefs avec des bœufs, les boudins avec du sang de porc; les fromages avec du lait de vache; le cidre avec des pommes, le vin avec du raisin, le pain avec du blé. Sous le prétexte assez spécieux que tout se fait à Paris, ils n'étaient pas éloignés de croire qu'il y avait, rue aux Ours, ou rue Saint-Denis, ou rue Saint-Séverin, des industriels assez ingénieux pour fabriquer des liquides et des comestibles. Et, en y réfléchissant bien, ils n'avaient pas tout à fait tort, puisqu'il y a des chimistes assez criminels pour se vanter — à la quatrième page des grands journaux — de fabriquer un excellent vin « dans lequel il n'entre pas un seul grain de raisin. »

C'est égal, ces civilisés-là étaient tout simplement des sauvages.

Je parle, bien entendu, des Parisiens comme moi, nés à Paris de père en fils depuis les temps les plus reculés, — et non des Parisiens nés dans le Morvan, dans la Beauce, dans le Gâtinais ou dans le Berry. Les Parisiens d'alors avaient bien le droit d'être ignorants des choses qui se passaient à cinq ou six lieues de la rue Saint-Jacques, puisque, pour aller voir ces choses-là, il fallait des moyens de locomotion expéditifs ou du temps. Or, ils n'avaient à leur disposition qu'une demi-journée, celle du dimanche, et ils ne pouvaient employer d'autre voiture « que la voiture de leurs jambes. » Faites donc six lieues à pied, avec deux ou trois bambins qui vous tirent dans tous les sens, les uns à dia, les autres à hurhaut, et avec une femme un peu grasse qui s'empourpre et s'essouffle à chaque pas ! Quand vous serez arrivés, vous, votre femme et vos bambins, tout poudreux, en sueur, tirant le pied de fatigue et la langue de soif, il sera nuit et il faudra reprendre la même route pour revenir à Paris, — car le lendemain c'est jour de travail.

Aussi les Parisiens en question ne se donnaient-ils pas la peine d'aller si loin pour si peu de chose.

Ils voulaient profiter des quelques heures de liberté et de soleil que leur offrait le dimanche, et, pour cela faire, ils se répandaient dans les guinguettes qui émaillaient autrefois les faubourgs de Paris, dans les joyeuses courtilles à tonnelles qui illustraient alors les alentours des barrières, chez tous les Ramponneau petits ou grands qui s'essayaient au métier de millionnaires en débitant des tonneaux de vin bleu et des casserolées d'omelettes au lard.

Ah ! les belles et franches lippées qui se faisaient ainsi à l'air libre, sous les tonnelles de ces cabarets !

C'est l'éternel chapitre de l'éternel livre de maître François Rabelais :

« Après disner tous allarent pesle mesle à la Saulsaye, et là, sus l'herbe drue, dançarent au son des joyeux flageolletz et doulces cornemuses, tant baudement que c'estoit passe temps céleste les veoir ainsi soy rigouller.

« Puis entrarent en propos de reciner en propre lieu. Lors, flaccons d'aller, jambons de trotter, goubeletz de voler, breusses de tinter.

« — Tire, baille, tourne, brouille ! — Boute à moy sans eaue... — Fouette moy ce verre gualentement ! Produitz-moi du clairet, voyrre pleurant !... — Trèves de soif.-Ha ! faulse fiebvre, ne t'en iras-tu pas ?... — Ventre Sainct Quenet, parlons de boyre... Je ne boy que à mes heures, comme la mule du pape. — Je ne boy qu'en mon bréviaire, comme ung beau père gardian. — Qui feut premier, soif ou beuverye ? — Soif : car qui eust beu sans soif durant le temps d'innocence ? — Beuverye : car *privatio presupponit habitum*. Je suis clerc. — Je boy pour la soif advenir ! — Je boy éternellement ! — Ce m'est éternité de beuverye et beuverye d'éternité !... — Chantons, buvons ! Un motet : entonnons ! Où est mon entonnouer ?... — Mouillez-vous pour seicher, ou seichez-vous pour mouiller ? — Je n'entends point la théoricque. De la practicque, je m'en ayde quelque peu. — Baste ! je mouille, je humette, je boy ; et tout de paour de mourir. Beuvez tousjours, vous ne mourrez jamais ! Si je ne boy, je suys à sec, me voylà mort. Mon âme s'enfuyra en quelque grenouillyère. En sec jamais l'âme ne habite. — Sommeliers, ô créateurs de nouvelles formes, rendez-moy de non beuvant, beuvant! — J'ai saburré mon stomach, je le laveroys voulentiers. — Si le papier de mes schedules beuvoit aussi bien que je foys, mes créditeurs auroyent bien leur vin quand on viendroit à la formule de exhiber. — A boyre! — Je ne boy en plus qu'une esponge. — Je boy comme ung templier : et je *tanquam sponsus*. — Et moy *sicut terra sine aqua*. — Ung synonyme de jambon? — C'est un compulsoire de beuvettes, c'est un poulain. Par le poulain on descend le vin en cave; par le jambon en l'estomach. Or ça, à boyre! Boyre ça!... Il n'y a point charge. *Respice personam, ponc pro duo : bus non est in usu*. — Hume, Guillot, encores y en a-t-il ung pot. — Je me porte pour appelant de soif, comme d'abus. Page, relièvé mon appel en forme... — Verse tout plein : la langue me pèle! — *O lachryma Christi!* C'est de la Devinière : c'est vin pineau! — O le gentil vin blanc! Par mon âme, ce n'est que vin de taffetas! — Mon compaignon, couraige! — O les beuveurs! O les altéréz! — Page, mon amy, emplis icy et couronne le vin, je te pry. A la Cardinale! *Natura abhorret vacuum*. . Diriez-vous qu'une mousche y eust beu? A la mode de Bretaigne! Net, net, à ce pyot. Avallez, ce sont herbes!... »

Je m'arrête ici : ces citations de maître François donnent trop soif.

II.

Le *Cabaret de la mère Marie* était — et est encore un peu — un de ces bons cabarets des anciens jours si chers au cœur des vieux qui ont été jeunes, et qui aiment à se remembrer.

Le chemin qui y mène, — c'est-à-dire les quelques rues qui partent du boulevard de l'Hôpital et aboutissent à la barrière des Deux-Moulins — est bordé de maisons basses, bâties comme pour l'amour de Dieu, avec un peu de plâtre et beaucoup de boue. Cela ressemble plus à des rabouillères, à des trous à lapins, à des huttes de Lapons, qu'à des habitations de civilisés : maisons de petites gens, en effet, que ces maisons-là !

Tout ce quartier-là, d'ailleurs, a une physionomie bien tranchée, — si tranchée même qu'on ne dirait pas qu'il fait partie du Paris de 1859, du Paris élégant, du Paris de la Chaussée-d'Antin, du Paris de Notre-Dame-de-Lorette, dont il est plus éloigné que Paris lui-même n'est éloigné de Tombouctou. C'est le jour et la nuit, c'est la soie et la bure, les bottines vernies et les sabots, l'eau de lavande et l'eau de ruisseau. C'est un pays d'où l'on vient, mais où l'on ne va pas, et les habitants de ce pays-là ne s'occupent pas plus des habitants des autres pays, — je veux dire des autres quartiers, — qu'ils ne s'occupent des Samoïèdes ou des Patagons. Ils ont leurs mœurs à part, leur besogne à part, leurs peines à part, — à part aussi leurs plaisirs.

C'est l'ancien village d'Austerlitz, — ou plutôt c'est toujours le village d'Ivry. Il y avait là autrefois deux ou trois rues et une trentaine de ces rabouillères dont je parlais tout à l'heure : maisons dignes des rues, rues dignes des maisons, — et habitants dignes des maisons et des rues. C'était — c'est encore — comme une scorie de la grande ville ; et vous savez à quoi cela peut être bon, les scories ?

Je n'ai pas visité l'Irlande ; mais je crois que ce quartier ne déparerait pas les faubourgs de Dublin. Les gens qui vivent là, dans ces huttes décorées du nom ambitieux de maisons, sont de bien pauvres gens, et leur métier un bien pauvre métier, puisqu'il ne leur permet pas de mieux vivre. Ils font ventre de tout, — mais ils ne l'ont pas toujours rempli. Leur estomac est loin d'être afféné et leur cœur loin d'être repu. Voilà des gens que M. Guizot aurait eu du mal à faire entrer dans les rangs des satisfaits !

Leurs femmes sont bien leurs femmes. Ce n'est pas l'amour qui les apparie : l'amour n'a rien à voir dans ces associations-là. Un sentiment aussi délicat mourrait d'asphyxie dans ces masures à la porte desquelles on voit souvent des femmes, accroupées sur leurs talons, tendant leur maigre sein à la bouche décolorée d'un enfant qui ne vivra probablement pas. Ces demeures-là sont plus malpropres et plus nidoreuses que la case d'un nègre. Toutes les odeurs s'y trouvent combinées dans des proportions désastreuses pour l'appareil olfactif d'un chrétien : odeurs humaines, odeurs animales, odeurs végétales, — sans compter les exhalaisons inanalysables qui sont la mort des poumons et qui rendraient phthisique un pécari. On en pourrait dire très justement ce que sainte Thérèse— la belle affolée — dit de l'Enfer : « C'est un endroit où il pue et où l'on n'aime point. »

Les Tsiganes en voyage doivent ressembler un peu à ces gens-là, — bohémiens sédentaires. Les enfants y grouillent pêle-mêle comme autant de petits animaux. Ils sont en loques, à demi nus, eximés, étiolés, rachitiques, noirs de boue, — et, malgré cela, morfiaillant goulûment quelques tartines que la mère a fait semblant de beurrer. Les parents de ces petits animaux-là ne se nourrissent guère mieux. Ils mangent le plus de pain possible, et la viande leur est aussi inconnue que les billets de banque. Aussi les légumes jouent-ils un grand rôle dans la composition de leurs repas, où la pomme de terre remplace avec avantage le roatsbeef. Ajoutons encore qu'ils ont, comme les Égyptiens, une vénération profonde pour les ognons crus. Avec un ognon et une miche de pain, ils iraient au bout du monde, — si toutefois le monde a un bout, ainsi que se l'est demandé plusieurs fois Voltaire.

Je suis né par là, pourtant, — avec bien d'autres. J'y suis né et j'aurais pu y vivre ! Heureusement que je puis dire comme l'ambre : « Je ne suis qu'une terre vile, mais j'ai habité avec la rose. »

III.

Le Cabaret de la mère Marie se trouve au milieu de ces clans d'Irlandais parisiens, où il a poussé, propre, honnête et gai, comme une giroflée sur un fumier.

Quand vient le dimanche, tout le *faubourg Marceau*, toute cette population de tanneurs et de chiffonniers, de blanchisseuses et de cotonnières, se débarbouille un peu, s'attife, se pomponne, se pimpreloche et se répand dans les guinguettes d'alentour, — chez les brandeviniers de la barrière Fontainebleau et de la barrière des Deux-Moulins.

Les jeunes, mâles et femelles, vont « pincer un rigodon » *à la Belle Moissonneuse;* les vieux et les autres s'en vont chopiner chez Aury ou chez Flamery, — les Desnoyers de ces parages. Beaucoup aussi vont chez la *Mère Marie*, — un marchand de vin qui vit sur une vieille réputation.

Ce cabaret-là est plus engageant que les autres ; il n'a pas, comme ses voisins Aury et Flamery, des salons de cinq cents couverts ; on n'y fait pas « nopces et festins, » mais, ce qui vaut mieux, on y boit et l'on y mange sous le plafond du bon Dieu, — sous les arbres.

Je me suis assis, au printemps dernier, sur ses bancs de bois, à ce brave cabaret du bon temps. Je me suis accoudé sur ses tables vermoulues ; et, pendant que j'étais là, songeur, les acacias ont neigé sur ma tête, — et, avec les acacias, les souvenirs. Oh ! les bons parfums qu'ils avaient les uns et les autres ! « Les lieux et les livres que je revois me rient toujours d'une fraîche nouvelleté. »

Les gens qui m'entouraient étaient les mêmes gens qu'il y a vingt ans, — le même public. C'étaient des ouvriers et des ouvrières, des soldats et des soldates, de vieux et de jeunes couples, des invalides de la vie et des invalides du sentiment, des passés et des futurs, des existences ébauchées et des existences finies ! Tout cela formait des groupes de *beuveurs* pittoresques, un tableau mouvant plein d'animation, de couleur et de gaieté. Les brocs se succédaient avec rapidité, les verres s'entrechoquaient avec fracas, les gibelottes s'engloutissaient avec frénésie, les rires des vieux se mêlaient aux pleurnichements des marmots et aux aboiements des caniches, les jurons s'accouplaient aux baisers, la santé trinquait avec la sénilité, — et l'oubli descendait sur toutes ces cervelles, un oubli de quelques heures.

Des enfants vinrent s'asseoir à côté de moi, tenant en leurs mains un pauvre colimaçon qu'ils avaient arraché à sa feuille verte, et qu'ils posèrent à deux doigts de mon verre en chantant :

> « Colimaçon borgne,
> Montre-moi tes cornes !
> Je te dirai où est ton père;
> Je te dirai où est ta mère.
> Ils sont dans la fosse,
> A cueillir des roses... »

Puis ils s'éloignèrent, laissant là cette pauvre bestiole, — appelés à d'autres amusements par d'autres camarades.

Ah ! cette chanson, je l'avais chantée, moi aussi, à cette même place, sur cette même table peut-être, une vingtaine d'années auparavant !

> Ils sont dans la fosse,
> A cueillir des roses...

Sont-ils vraiment occupés à cueillir des roses, les êtres chers que j'ai perdus tout le long de ma route depuis ces vingt-cinq ans-là ?

Hélas ! comme le cœur a des occasions de s'ébrécher et de s'émietter ! Les verdoyantes amitiés s'en sont allées avec les années, — et les belles amours aussi ! « Plus tost passons que le vol d'une alloüe, »

— et cependant, que de morts et de mortes nous avons à enterrer avant de nous enterrer définitivement nous-mêmes ! Le vivre n'est-il pas l'apprentissage du mourir ? Ah ! quand tu viendras me prendre, Vieille, tu seras diantrement volée, — car il y a longtemps que je suis au cimetière, avec les compagnons que tu m'as déjà enlevés !

C'était le printemps alors, — et voici l'automne venu. Le Cabaret de la Mère Marie commence à se dépeupler. Les acacias pleuvent sur les tables. Les chants et les rires ont cessé. Ils reprendront au printemps prochain, avec les premiers bourgeons. Et moi, reverdirai-je ?

Mais foin de ces mélancolies « plourardes » et malsaines ! Il n'est pas honnête de porter ainsi son cœur en écharpe ! « A boyre, page, à boyre ! La langue me pèle, faulte d'humidité ! »

> « La vie est rude et l'hiver froid :
> On devient courbe au lieu de droit,
>   Quand l'âge pèse.
> Au cabaret on rit de tout,
> La gaieté retentit partout,
>   Là, je suis aise.
> Un instant de joie et d'espoir
> Me fait voir en rose le noir
>   Que j'ai dans l'âme...
> — Du bruit, du vin et des chansons !
> C'est en soufflant sur les tisons
>   Que sort la flamme !... »

IV.

Je ne donne pas le Cabaret de la Mère Marie comme un exemplaire de l'Eden, — quoiqu'il y ait là, comme partout ailleurs, un arbre du bien et du mal. Pauvreté n'est pas vice, sans doute, et les travailleurs du faubourg Marceau qui viennent là le dimanche se désaltérer et s'altérer de nouveau ne sont pas du gibier de cour d'assises et de police correctionnelle. Mais ils n'y viennent pas seuls. Mais, pour quelques groupes heureux, composés du père, de la mère et des « mioches », il y a là aussi — comme dans tous les cabarets du monde — des groupes d'ivrognes endiablés qui viennent noyer leurs soucis dans des flots de vin bleu.

« Encore une minute d'attention, et tu vas voir la bestialité dans toute sa candeur, » — dit Méphistophélès à Faust, dans la scène de la taverne, quand les étudiants commencent à se griser. Encore quelques instants et quelques litres, et vous allez assister au naufrage de toutes ces pauvres raisons, — déjà bien chancelantes, car elles font vin de toutes parts. Des querelles vont naître, — sous n'importe quel prétexte. La colère va monter. Les injures et les coups vont s'échanger, — non pas dans le Cabaret de la Mère

Marie, mais sur le boulevard extérieur, dans la boue...

Ainsi finira ce dimanche !

Cependant, malgré ces mauvais coucheurs, — c'est-à-dire malgré ces mauvais buveurs, qui sont destinés à mourir, un jour ou l'autre, d'une *apoplexie de templier*, — le Cabaret de la mère Marie, j'aime à le répéter, est un des plus pittoresques et des mieux plaisants de la barrière ; il a une physionomie à lui, et des habitués qui ne sont pas ceux des autres.

Aussi les cabarets voisins le jalousent-ils vilainement. Il y a, à droite et à gauche, des concurrents qui essaient d'achalander leurs maisons avec des enseignes provoquantes.

L'un, c'est le *Cabaret du père Pierre*. « Pour boire du bon vin, entrons chez lui. » Ainsi parle son enseigne. L'enseigne de l'autre n'est pas moins engageante : « Ici on *assuure* contre la soif. » Tous deux prêchent dans le désert : la Mère Marie seule a ses convertis.

Hélas ! ce brave cabaret sera peut-être démoli un de ces quatre matins, — avec le mur d'enceinte.

Comme Flameng a bien fait de faire son portrait !

LE CABARET DE LA MORT

I.

Elle était charmante autrefois, cette place du Carrousel — aujourd'hui peuplée de grands hommes en pierre de Saint-Leu. Charmante comme le désordre et pittoresque comme les ruines!... Peut-être qu'elle offusquait, par son incohérence, les amis « de la régularité », — mais en revanche elle plaisait furieusement aux gens qui préfèrent la forêt de Fontainebleau au jardin des Tuileries, c'est-à-dire le bon Dieu à M. Le Nôtre.

C'était une forêt, en effet, — avec son inextricable fouillis de baraques en planches et de masures en torchis, habitées par une foule de petits industriels et de petites industries. C'était même d'autant plus une forêt, qu'on y rencontrait, presque à chaque pas, des animaux de toute sorte, — sans compter les passants et les curieux. On y voyait, par exemple, des nuées de ces affreux oiseaux bavards, insolents et orduriers, qu'on appelle des perroquets — et qui font la joie des vieilles personnes et des jeunes religieuses... Il paraît que, tous les ans, quatre continents sur cinq ou six se cotisaient pour envoyer là le plus possible d'aras, de criks, de cacatoës, de loris, d'amazones, de papegais, de perruches et de perruchottes, — toute une armée!... Mais Dieu est juste; — et le persil croît abondamment partout.

On y voyait aussi des cabiais, des lapins, des tortues, des serpents plus ou moins constrictors, des cygnes plus ou moins de Norwége, des ibis plus ou moins d'Égypte, des renards plus ou moins bleus, des loups plus ou moins du Gévaudan... Ah! les lapins! les lapins! Comme ces innocentes gibelottes m'attiraient! Comme leurs longues oreilles si mobiles, leurs gros yeux ronds si idiots, leurs babines si mystérieusement émues, m'intéressaient!... Je les contemplais souvent d'un œil humide et attendri, et je suivais leurs évolutions inquiètes avec une sollicitude — qui trahissait éloquemment mon appétit... Non pas que j'aimasse beaucoup alors ces stupides et intéressants quadrupèdes! J'avouerai même que je ne les ai jamais aimés beaucoup, et que toutes les fois que j'en ai mangé un, il m'a fait des reproches dans l'estomac; mais ce qui m'attirait vers eux, ce qui me faisait les couvrir d'un regard attendri, — c'étaient les 2,500 fr. de rente qu'ils apportent en dot à leurs professeurs. Stupides et intéressants quadrupèdes! Et que les vues de la Providence sont donc impénétrables et charmantes!...

La revoyez-vous, cette vieille place du Carrousel,

> « Et ces vieilles maisons
> Dont le front s'abritait sous une aile du Louvre?...»

Moi, je la revois toujours comme si elle existait encore, et si je n'entre pas à son sujet dans de plus longs détails descriptifs, c'est tout simplement pour ne pas humilier la place actuelle, qui est superbe, je n'en disconviens pas, — mais à laquelle il manque « la ride et l'antiquité fière!... »

II.

J'ambulais fréquemment dans ce caravansérail du bric-à-brac, à travers ce labyrinthe de planches et ces zigzags de boutiques, et j'en connaissais presque intimement les êtres, — hommes et bêtes, bêtes et choses, lapins et perroquets, tableaux et rocailleries... Les brocanteurs me voyaient invariablement planté des quarts d'heure entiers devant de vieilles toiles bien embues, bien enfumées, bien éreintées, — auxquelles mon imagination refaisait promptement une virginité. J'ai signé de cette façon — et des noms les plus illustres — bien des tableaux bons tout au plus à faire des devants de cheminée.... Parfois aussi je devinais juste, — et j'y ai acheté pour 40 sous un Demarne de 4,000 francs.

Je me souviens même, à ce propos, d'une copie merveilleusement réussie d'un Jacob Wanloo qui est au Louvre. Mes yeux la décrochaient régulièrement chaque soir, à l'insu du marchand, et je l'emportais tout frissonnant dans mon humble logis, où je lui adressais les déclarations les plus échevelées.

J'en étais amoureux, de cette toile, — très amoureux.

Cela représentait une femme nue, aussi complétement nue que possible, car elle n'avait de vêtements que dans la partie inférieure du corps, — et encore elle les retenait avec une telle nonchalance, que je m'attendais à chaque instant à les voir tomber... La femme qui avait posé pour ce tableau n'était assurément ni une vierge, — ni une courtisane. Belle, tendre, chère et pauvre femme!... C'était la mère de Manon Lescaut, — sa fille, sa nièce ou sa cousine. Elle n'était pas chaste peut-être, — mais elle était encore moins impudique... Femme intelligente, après tout, — ou avant tout!.. Elle baissait mélancoliquement la tête sous le poids d'une pensée panachée de noir et de rose. Elle avait l'air de s'être contemplée un instant, d'avoir fait de sa personne extérieure et intérieure un examen rapide, et de s'être mise, après cela, à penser à *celui* qui ne pensait plus à elle, — et qui avait tort !...

Qu'était cette femme ? Une duchesse — ou une ravaudeuse ? L'une et l'autre, peut-être ; l'une, d'abord ; l'autre, ensuite... Je devinais que cette belle fille, à moitié ingénue et à moitié ironique, avait été une belle maîtresse trahissante et trahie, et qu'elle avait laissé feuilleter — par des mains plus ou moins profanes — l'admirable poëme de son beau corps. Mais qu'importe ! elle avait aimé, — elle avait été aimée ! C'est l'histoire éternelle, — histoire banale, mais toujours charmante !... Gazouillement de ramiers, soupirs d'amants, sanglots, extases, angoisses — et le reste ! La jeunesse, l'amour ! L'amour, la jeunesse !... Vieil air, vieille chanson, pourquoi ne peut-on vous chanter avec le même plaisir jusqu'à la fin ?...

Cette femme — cette toile animée — me remuait. Je me sentais chaud dans les entrailles, — chaud dans la tête, — chaud dans le cœur, — chaud partout, — toutes les fois que je la regardais. Il me semblait que je l'avais rencontrée quelque part, — dans un des sentiers perdus de ma jeunesse.

Nous avions dû nous aimer beaucoup, d'abord, — et nous haïr profondément, ensuite...

III.

Les souvenirs altèrent profondément, — surtout en été. Quand je m'étais bien souvenu, j'entrais pour me désaltérer dans un cabaret voisin que son enseigne appelait *Estaminet bordelais*, — mais qui s'appelait en réalité et qui s'appellera toujours pour l'histoire le *Cabaret de la Mort*.

Pourquoi ce nom ? On ne l'a jamais su. Des voisins, — des envieux ! — le lui avaient peut-être donné à cause de son absence de consommateurs, et aussi de consommations... Peut-être était-ce à cause des balles de la nuit du 26 juin 1848 — l'horrible nuit que vous savez ! — qui étaient venues frapper à la porte de ce logis et avaient illustré sa face de fossettes martiales et un peu sinistres !... Peut-être était-ce tout autre chose, — une fantaisie, par exemple ! En tout cas, c'était son nom.

Des rideaux blancs aux vitres, quelques bocaux dépareillés sur une planche, trois mauvaises tables, quelques vieux tabourets, — vétérans couverts de nobles cicatrices et qui pleuraient de grosses larmes d'étoupe en songeant à leurs splendeurs évanouies, — voilà ce qui composait, avec un divan impossible que j'allais oublier, l'ameublement de cet étrange établissement où les passants les plus altérés se gardaient bien d'entrer.

Il était tenu par une veuve, fort brune et fort gaie, sorte de madame Grégoire méridionale, — moins les « bruns à large poitrine, » bien entendu... Elle le tenait comme on tient un roman, — pour se distraire. Cela étonnera peut-être les esprits forts du Marais et de la rue Chauchat, mais c'était comme j'ai l'honneur de le leur dire. J'ajouterai même — afin de les édifier tout à fait sur le compte du *Cabaret de la Mort* — que l'on y buvait fort peu et qu'on y causait prodigieusement!...

Car c'est là, — dans cet étroit espace, si humble, si modeste, si pauvre, — c'est là que, pendant une année, de 1849 à 1850, s'est tenu le salon le plus gai, le plus décent, le plus spirituel et le plus distingué de Paris, — un vrai concile de l'esprit!... C'est là que se sont discutées, avec enthousiasme souvent, avec ironie parfois, avec courtoisie toujours, les hautes questions d'art et de littérature qui remuent tant de cervelles dans le monde! C'est là que sont venues défiler — clairons en tête et flamberge au vent — des armées de paradoxes philosophiques et artistiques, où l'élégance du style le disputait à la solidité de la pensée; sorte de carrousel charmant où évoluaient avec grâce des intelligences merveilleusement outillées.

On peut dire avec raison que c'était là une réunion d'ascètes, une collection de calenders ; car, je le répète, il s'y buvait peu de vin et beaucoup d'eau, — et d'ailleurs, parmi toutes les liqueurs capiteuses, la plus capiteuse est encore l'esprit... Et il s'en dépensait là de quoi alimenter pendant trente ou quarante ans les cervelles d'un régiment d'imbéciles. On n'y causait pas politique — de peur de mal. Mais en tout cas, si les Pères de cette petite église professaient en matière de gouvernement des opinions opposées, ils étaient tous d'un admirable accord dans leur amour pour le vrai, pour le bien et pour le beau ! Ils vous donneront peut-être un jour leur Evangile, — et alors vous jugerez.

IV.

Peut-être voulez-vous savoir le nom de ces « illustres chandelles humaines qui se consumaient par la tête, » — selon l'expression de Balzac ?... Peut-être aussi êtes-vous trop curieux. Vous les connaissez, du reste ; vous les connaissez tous — ou presque tous.

L'art était représenté là par Bresdin, — le *Chien-Caillou* du roman de Champfleury, — un habile *eau-fortier* qui dessinait sur le cuivre, avec la pointe, de merveilleux paysages où chantaient des tas d'oiseaux. C'est pour cela qu'il est resté pauvre. Ah ! vive le talent et l'esprit ! Il n'y a rien de tel — dans ces plaisants pays civilisés — pour faire crever de faim un honnête homme !...

Aussi Bresdin préférait-il la vie sauvage ! Aussi parlait-il sans cesse, avec enthousiasme, des héros de Fenimore Cooper, — et, entre autres, de Chingagook, le vieux chef indien, le vieil ami du vieux Bas-de-Cuir !... « O Chingagook ! Chingagook ! » — s'écriait-il souvent, en songeant aux verdoyantes savanes et aux plantureuses prairies américaines. « O Chingagook !... » Et le nom lui en est resté, — en se corrompant comme toujours. Chingagook — Chien-Caillou !... Un type curieux, du reste, et dont M. Champfleury s'est servi pour écrire sa première et sa plus agréable nouvelle.

Bresdin avait la note triste, la raillerie noire pour ainsi dire, — *black joke !*... Heureusement que cette note se perdait dans l'orchestre et qu'elle était couverte par les fioritures élégantes de la conversation de Louis L'herminier, — un Athénien de Paris, un causeur plein de séductions, une physionomie que Balzac avait sans doute devant les yeux quand il a créé son La Palférine. L'herminier a été au Brésil —

où il comptait bien rester. Il a vu, en chemin, une foule de choses et une foule de gens, — des femmes jaunes, rouges, vertes, bleues, comme don César de Bazan. Puis il est revenu à Paris, — son vrai sol, sa véritable patrie... Il y restera, cette fois.

Toutes les physionomies de ce cénacle du Cabaret de la Mort, — éclairé par l'esprit étincelant de L'herminier et parfumé par les fleurs de son incomparable élégance, — toutes ces physionomies avaient leur valeur, leur cachet, leur relief. Il n'y avait pas un seul philistin là-dedans.

Gabriel d'Entragues — une physionomie très fine et un esprit très délicat — y représentait la poésie ; Henri de la Madelène — un écrivain très distingué — y représentait le roman ; un ancien rédacteur du *Drapeau blanc*, dont j'ai oublié le nom, y représentait l'histoire contemporaine ; Marc Trapadoux — un sphinx au profil ninivite — y représentait le philosophisme chrétien doublé de la stoïcité païenne. Je ne connais qu'un livre de Trapadoux ; ses amis en attendent d'autres, — et ils les auront.

La métaphysique y était représentée par Melvil-Bloncourt, un créole de la Guadaloupe, plein d'élégance aussi, comme L'herminier, son compatriote je crois, — mais paradoxal en diable. C'était, en ce temps-là, un admirateur passionné d'Emmanuel Kant et de sa *Critique de la raison pure*, — de Fichte et de son *idéalisme purement subjectif*, — de Schelling et de son *unité absolue de toute chose*, — et enfin de Hégel, qui l'avait séduit avec sa *suprématie de la dialectique* et son invention de l'idée comme une sorte de mère Gigogne, puisqu'il en fait sortir toutes choses : l'*absolu*, la *nature*, l'*esprit*.

Melvil possédait, du reste, sur le bout de l'ongle, cette phraséologie d'outre-Rhin, — compliquée pourtant comme ces pesantes horloges qui marquent l'heure, le mois, l'année, les saisons et le moment où l'on doit payer son terme. Il jouait à merveille de cette horloge-là, — et cependant il n'a jamais pu, de sa vie, dire quelle heure il était!... Comme il maniait adroitement et spirituellement ces mots si fragiles d'*objectif* et de *subjectif*, d'*idées à priori* et d'*idées pures*, d'*idées de temps*, d'*espace*, de *substance*, de *cause*, d'*unité*, d'*existence*, de *catégories* et d'*identité absolue*, etc., etc.!...

Depuis, il a adopté une autre métaphysique et une autre patrie. Il est, je crois, maintenant, sur les bords du Gange, où il a planté sa tente en plein *Ramaïana*, — unissant ainsi l'abstraction germanique et la poésie orientale, la bière et le haschich!... C'est Schlegel qui lui a servi de pont, — avec sa traduction allemande de ce poëme sanscrit. Voilà où mène l'abus de l'esthétique!...

Je ne sais pas, pour ma part, ce qu'il y a de profond et de sublime dans le *Ramaïana* ou dans le livre de Sanakea, le philosophe indien, — mais je sais que les bois de Meudon ont une poésie merveilleuse et des senteurs adorables. En fait de bords du Gange, j'aime mieux les bords de l'étang de Villebon !

V.

Le Cabaret de la Mort n'est plus. Mais à la place occupée par lui il ne pouvait s'élever qu'un palais : on y a bâti le nouveau Louvre !...

J'ajoute tout bas — mais je l'ajoute — que je connais certaines théories religieuses, certaines spéculations philosophiques, certains points de vue d'esthétique, certains mots charmants, qui ont eu pour crèche ce cabaret, plus célèbre que connu ; et que ces théories, ces spéculations, ces points de vue, ces mots, vivront certes plus longtemps que le Louvre, — tout impérissable qu'il paraît être...

LES DINEURS DE GRANIT

I.

Vous avez dû remarquer comme moi, *gentle reader*, que chaque fois qu'une rue était tracée à Paris, — je dis tracée et non bâtie, — il s'y établissait immédiatement quatre marchands de vin et un restaurateur. Les marchands de vin jouent de la sorte aux quatre coins, et le restaurateur sert de... fleuve d'Italie.

Les boutiques ouvertes, on n'attend plus que les pratiques; les marchands de vin trouvent plus vite que le restaurateur, parce que les passants ont toujours plus ou moins soif, — surtout lorsqu'ils sont altérés. Mais on a beau être altéré, on n'entre pas aussi gaiement au restaurant, qui exige qu'outre la soif vous ayez l'argent; — et les restaurants d'aujourd'hui ont tant de glaces, tant de dorures, tant de linges damassés, tant de nappes ouvrées, tant de demoiselles de comptoir, qu'avant même d'avoir déplié votre serviette vous devez déjà quarante sous pour les frais du culte.

Pour manger au cabaret, à Paris, cela coûte beaucoup plus cher que d'avoir une cuisinière et de manger chez soi ; — d'autant plus que lorsque la cuisinière est fraîche, propre, jeune, « agaçante et jolie... » Mais ce merle blanc ne chante pas, d'ordinaire, dans les cuisines parisiennes.

Je suppose donc les quatre marchands de vin pourvus d'un « bon coing » et de bonnes pratiques. Reste à pourvoir le restaurateur.

Le restaurateur n'a pas ouvert un restaurant pour dîner tout seul : il n'est pas si fantaisiste qu'il lui faille quarante tables, quatre-vingts couverts, quatre-vingts serviettes, une demoiselle de comptoir, un chef, quatre marmitons, une laveuse de vaisselle, dix garçons en veste ronde, — et le reste ! Non, non, non ! Si la sobriété n'avait pas été inventée par le chameau, le restaurateur l'inventerait pour son usage exclusif et spécial. Il ne s'est pas établi pour manger son fonds, mais, tout au contraire, pour le faire manger aux autres — et s'en faire un revenu de quatre ou cinq mille livres plus ou moins sterling. Malheureusement, contre son attente, c'est lui souvent qui mange son fonds jusqu'au dernier os — avec lequel il s'étrangle parfois. (Voir la *Gazette des Tribunaux*, à l'article *Faillites*.)

Or, le restaurateur parisien, né malin, — quoiqu'il n'ait pas inventé le moindre vaudeville, — se sert d'un moyen renouvelé des Grecs et de Panurge pour attirer chez lui des déjeuneurs et des dîneurs.

II.

Ce moyen est simple comme bonjour, quoiqu'il dénote chez ceux qui l'emploient une profonde connaissance du cœur humain. Panurge l'a employé pour faire sauter tous les moutons de Dindenault dans la rivière. Les chasseurs l'emploient pour faire sauter les alouettes dans leur carnier. Les pêcheurs de Fécamp l'emploient pour faire sauter les harengs dans leurs bateaux. Les paysannes l'emploient pour faire sauter les omelettes dans leur poêle.

Panurge prend un mouton et le jette à l'eau : tous les moutons de Dindenault se jettent d'eux-mêmes dans la mer.

Les chasseurs prennent quelques oiseaux et les attachent au sol, à côté de leur miroir : toutes les alouettes du ciel se précipitent là où elles en voient d'autres, et elles y restent comme elles.

Les pêcheurs de Fécamp attachent des harengs morts à leurs hameçons, — et tous les harengs de l'Océan y viennent mordre.

Les ménagères rustiques placent des œufs en plâtre dans le poulailler, à même la paille, — et les poules, encouragées par cet exemple, se mettent à pondre leurs plus beaux œufs.

Je pourrais multiplier mes citations et vous rappeler, ami lecteur, ces honnêtes gandins dont les journaux judiciaires ont parlé il y a quelques mois, et qui louaient des billets de banque pour gagner ceux des autres. Mais j'aime à penser que vous avez saisi l'apologue. La race des moutons de Panurge est bien plus éternelle que celle d'Agamemnon; et, sans avoir l'impertinence de maître François Rabelais, — qui prétend que le peuple de Paris « est sot par nature, par bécarre et par bémol, » — je ne puis faire autrement que de constater la facilité avec laquelle « il suit le monde ». Si vous voulez faire foule dans le désert, vous n'avez qu'à vous arrêter et à regarder avec attention la terre ou le ciel : un passant, vous voyant dans cette posture, l'imitera d'instinct, malgré lui, et regardera le ciel ou la terre avec la même attention que vous; puis un autre passant fera comme celui-là; puis un troisième, puis un quatrième, puis dix, puis cent, puis mille, — et la rue sera encombrée, avant une heure, de façon à faire croire aux sergents de ville à un commencement d'insurrection.

Les restaurateurs qui s'établissent savent parfaitement sur quels éléments ils ont à opérer, et, pour faire « saulter » un troupeau de dîneurs dans leurs boutiques, ils commencent par prendre un dîneur ou deux, et ils les attablent de force, — assurés qu'ils sont que les autres viendront s'attabler d'eux-mêmes irrésistiblement, fatalement, par cet esprit d'imitation qui est si profondément enraciné en nous tous tant que nous sommes, hommes ou moutons.

C'est là ce qu'on appelle les *Dîneurs de granit*. On les appellerait les dîneurs de carton que je ne m'y opposerais pas. Mais on les appelle les *Dîneurs de granit* : le nom doit leur rester.

III.

Le restaurateur habile choisit habilement ces dîneurs d'une espèce particulière. Il sait qu'il y a à Paris une infinité de pauvres diables, artistes ou gens de lettres, aspirants de gloire, grands hommes stagiaires, qui ont un habit noir, — mais pas le moindre maravedis dedans. Il sait que si la cervelle de ces futurs illustres chante des fanfares éclatantes, leur bourse résonne comme un lit de plume. Il sait enfin que chez eux, comme dans la boîte d'une montre, c'est toujours la roue de cuivre qui fait tourner l'aiguille d'or, — c'est-à-dire le ventre qui fait mouvoir le cerveau; et, sachant cela, il en invite quelques-uns à venir déjeuner et dîner chez lui pendant un nombre indéfini de jours, — plutôt moins que plus, bien entendu.

Il se fait ainsi, à peu de frais, une réputation royale, — celle de Restaurateur des lettres et des arts. Que de François Ier ont été forcés de déposer leur bilan, hélas!

Personne ne boude contre son ventre, — parce que personne n'est à ce point l'ennemi de soi-même. Ventre creux, cervelle vide. La Bête mène et mènera toujours la Belle. Tant pis pour la Belle! Il faut au poète comme à l'oiseau son grain de mil quotidien, — et quand le grain de mil est un savoureux filet de chevreuil, cela vaut encore mieux.

Toutefois, — il ne faut rien exagérer, — le savoureux filet de chevreuil n'est pas destiné au *Dîneur de granit*. On lui sert un beefsteak quelconque, avec accompagnement des classiques pommes de terre; et ce beefsteak, il faut qu'il le mange toute la soirée.

Je m'explique.

IV.

Les *Dîneurs de granit* ont une fonction unique, pour le restaurateur ; ce n'est pas, comme on serait tenté de le croire au premier abord, pour manger qu'ils sont là, — c'est pour engager les autres à manger. Les autres, ce sont les passants.

Ils sont adroitement disséminés dans la salle, de façon à l'orner — comme autant de bouquets de fleurs. Les garçons—qui ont pour eux le mépris le plus profond et le plus injuste — leur apportent avec une sage lenteur le potage, choisi par le restaurateur ; et ce potage, ils ont pour mission de le manger avec le recueillement qu'ils mettraient à lire une page d'Homère, cuillerée à cuillerée, brin à brin, de peur de se brûler—et surtout de peur d'aller trop vite. On leur en donne même beaucoup, pour qu'il dure plus longtemps ; le potage est l'ami de l'homme, bien plus que le lézard, — du moins au dire du restaurateur, qui sait de quelle eau se fait le bouillon.

Après le potage viennent les plats, l'un après l'autre, gravement, solennellement, comme s'ils faisaient partie d'une procession ; — et, entre chacun d'eux, chaque dîneur de granit aurait le temps d'aller à la barrière du Trône et d'en revenir.

Puis, quand tout est fini, — tout n'est pas fini. Cela serait trop commode, en vérité! François Ier serait vraiment trop libéral! Donc, quand le dîner est descendu où l'appelait son devoir, il faut que les dîneurs de granit restent là, comme restent les tables, les chaises, les glaces et les becs de gaz — pour *allumer* les dîneurs sérieux.

Et il est rare que les dîneurs sérieux ne soient pas attirés par les dîneurs de granit, comme les alouettes libres par les moineaux privés, comme les œufs pour de vrai par les œufs en plâtre, comme les éléphants sauvages par les éléphants domestiques.

Quand un, puis deux, puis trois, puis vingt dîneurs sérieux sont entrés dans la salle et se sont assis, — heureux de trouver une table inoccupée dans cet heureux établissement! — la seconde partie du rôle des dîneurs de granit commence. Tout à l'heure ils mangeaient, — il faut maintenant qu'ils parlent.

— Quelle délicieuse bécassine je viens de manger! s'écrie l'un en ayant l'air de s'adresser à son voisin, mais, en réalité, s'adressant au public payant, — comme font les acteurs au théâtre.

— Ces pluviers dorés étaient exquis! s'écrie un autre. Je ne sais vraiment comment ces gens-là font pour s'en retirer!... Si c'était pour faire balai neuf, je ne dis pas... Mais c'est tous les soirs la même chose... Lucullus, Apicius et Trimalcion ne dînaient certes pas mieux, et je crois qu'ils dépensaient davantage... Garçon, l'addition s'il vous plaît!...

— Ce beaune a vingt-cinq ans de bouteille, comme le mot du marquis de Neuvillette au père Froissard! s'écrie un troisième dîneur de granit, en ayant l'air de parler à la cantonnade comme les deux premiers.

Les autres dîneurs de granit en font à peu près autant, selon leurs moyens et leur esprit; si bien que les dîneurs sérieux se disent en s'en allant :

— On est très bien dans ce restaurant... Les garçons sont polis, les assiettes sont propres, le linge est blanc, la demoiselle de comptoir est jolie... Et puis, il y vient des jeunes gens charmants, en habit noir, qui ont l'air très gai et qui citent volontiers leurs auteurs... Nous y reviendrons!...

Et, en effet, ils reviennent, heureusement pour le restaurateur, — mais malheureusement pour les dîneurs de granit, qui partent quand les autres arrivent.

[« C'est le train de la vie et de la destinée! »]

L'AVANT-DERNIER LIT

I

Les Égyptiens plaçaient, dit-on, un cadavre dans la salle de leurs festins, pour se prévenir ainsi mutuellement que la vie ne leur était pas donnée, — mais seulement prêtée par le grand Fabricateur des Mondes et des Êtres. C'était le « Frères, il faut mourir ! » des Trappistes.

Malheureusement, comme tous les avertissements passés, présents et à venir, celui-là était dédaigné, — ou, pour mieux dire, il n'était pas aperçu. Ce cadavre de Damoclès, qui planait sans cesse sur tous les convives, n'éteignait pas un seul rayon de leur gaieté. Peut-être même lui riaient-ils au nez, comme font et feront longtemps encore tous les don Juan au nez de toutes les statues de Commandeur. Rien ne blase comme l'habitude. La première fois, le spectacle épouvante ; puis, comme il se répète, *on s'y fait*.

De sorte que les Égyptiens — quand la mort venait les prier de partir avec elle pour le grand voyage — avaient des peurs malsaines et des révoltes puériles :

« leurs bottes n'étaient pas graissées, » — comme dit le vieux Montaigne.

Il en est ainsi des lieux et des choses sinistres, parmi nous autres Parisiens. La mort passe et repasse à travers nos rues, coupe nos pompes mondaines de ses pompes funèbres, — mais sans couper en rien notre appétit et notre gaieté. Nous faisons mieux que de danser sur des volcans : nous mangeons à la porte des cimetières.

Est-ce cynisme ? Est-ce mépris ? Est-ce indifférence ? C'est tout cela — et c'est autre chose. Parmi cette foule qui va et vient affairée et effarée à la recherche du plaisir et de la pièce cent sous, il y a de nombreux ignorants qui pensent exactement comme Panurge et comme Figaro, sans avoir lu une seule ligne de Rabelais ou de Beaumarchais. « Vive la joie ! disent-ils. Qui sait si le monde durera encore trois semaines ! »

Ces femmes, ces enfants, ces vieillards qui rient, fument ou prisent, d'où croyez-vous qu'ils viennent ? De *la Californie* ou des *Deux Edmond ?*

Non : ils sortent de la Morgue.

II

Au temps, déjà loin, où je n'étais encore qu'un grand garçon curieux, il m'arrivait souvent de m'arrêter, pendant de longs quarts d'heure, sur le pont Saint-Michel, les coudes sur le parapet et regardant couler l'eau de la Seine, — spumoseuse, noire et comme dormante en cet endroit.

Devant moi, les bâtiments de l'Hôtel-Dieu, avec leurs grappes de malades en haut, et avec leurs rigoles fétides en bas, — les rigoles des gens d'en haut.

Sur le fleuve — sorte de lac Stymphale — quelques batelets ornés de pêcheurs à la ligne, qui prenaient là beaucoup plus de poissons qu'ailleurs. Je pense qu'ils en faisaient des fritures.

Sur ma gauche, les énormes champignons verts sous lesquels s'abritaient les commères du marché Palu, — et, comme limite de ces champignons, un monument de forme sépulcrale, faisant saillie, de toute sa profondeur, sur l'alignement du parapet qui bordait la rivière.

J'ignorais alors la destination de ce monument. Ce qui me clouait là, attentif et songeur, c'était un spectacle assez banal en soi, — mais qui là, cependant, avait une signification particulière. Je veux parler d'un jeune homme en gilet rouge qui s'accoudait souvent à l'une des petites fenêtres de cette sombre maison, en compagnie d'une jeune femme blonde et rose comme le printemps, — qu'il regardait comme Roméo sa Juliette sur le balcon que vous savez.

Ce gilet rouge — qui aimait peut-être mieux qu'un

16.

gilet blanc de la Chaussée-d'Antin — c'était le gardien de la Morgue, le collecteur des noyés publics !

Ces deux oiseaux dans cette cage? Eh! pourquoi non? L'amour est une fleur qui se cueille partout, — et qui vient surtout à merveille sur le fumier.

III

J'entrai un jour, — pour savoir quels étaient les hôtes de ce logis de sinistre apparence, — et me trouvai d'abord dans un vestibule, à gauche duquel était un vitrage protégé par une barrière. J'avançai, et j'aperçus derrière ce vitrage — couchés nus sur des lits de marbre noir à oreillers de cuivre — des hommes et des femmes qui n'avaient plus apparence humaine. La face était convulsée, la lèvre criait la douleur, l'œil semblait agrandi par le désespoir, les cheveux étaient comme hérissés d'une horreur suprême, — des cheveux gris, presque blancs. Ah! le navrant spectacle !

Tout autour de cette hôtellerie, au-dessus de ces hôtes lugubres, pendillaient des hardes, des loques, des haillons, — la livrée de ces pauvres diables que la faim, la souffrance, l'ivresse ou la folie poussent vivants dans les bras de la mort. Avez-vous reconnu là votre frère, votre mère, votre amant, quelqu'un des vôtres ? Non ! Tant mieux : passez vite alors, passez vite !

L'abîme attire. Je revins encore une fois dans cette auberge mortuaire, — pour la visiter en détail. Il n'y avait, ce jour-là, qu'un lit de marbre noir d'occupé : les autres lits attendaient leurs hôtes et étaient en train de se faire beaux et propres pour les recevoir. On entendait tomber sur la dalle les gouttes d'eau des robinets situés à quelques pieds au-dessus.

C'était une belle jeune fille au corps un peu grêle, mais d'une perfection rare. La mort l'avait respecté, — ainsi que le visage. C'était une statue de marbre blanc sur un lit de marbre noir. N'avait été la rigidité cadavérique, qui ôtait un peu de grâce à ce beau corps digne d'une meilleure fin, on eût pu la croire échappée au ciseau d'un artiste de la renaissance, — à Jean Goujon ou à Germain Pilon.

Outre la rigidité cadavérique, ce qui annonçait encore que c'était une enveloppe charnelle et non une enveloppe marmoréenne, c'était le voltigement acharné d'une petite mouche, au corselet mordoré, tout autour des lèvres et du nez de cette pauvre jeune fille morte. Cette mouche agaçait le regard et la pensée. Je m'imaginais un instant qu'elle devait gêner et tourmenter ce visage immobile, — et je m'étonnais précisément de cette immobilité en face de cette taquinerie...

Pauvre jeune fille! Pauvre victime de l'amour et de

la fatalité ! Aboutir à ce lit glacé, après avoir habité quelque nid bien chaud, bien duveté, bien parfumé, peut-être ! Quelle mauvaise opinion elle avait dû emporter dans l'autre monde sur notre sexe — cette folle amoureuse !

IV.

Si maintenant vous voulez savoir le nombre des hôtes que reçoit annuellement cette étrange hôtellerie, je vais vous le dire.

Tout le monde, à Paris, n'a pas le bonheur de mourir tranquillement dans son lit, entouré d'une femme qu'on aime et d'enfants qui vous aiment. Douze cents individus environ meurent chaque année de mort violente, soit par l'épée, soit par le charbon, soit par le poison, soit par le suicide, soit par accidents.

Mais tous ne sont pas transportés à la Morgue, — qui n'en reçoit, en moyenne, que 204, sur lesquels il faut malheureusement compter 169 suicidés.

Je n'ai ni l'envie ni le droit de discuter ici cette question de l'homicide de soi-même, que la religion païenne défendait aussi bien que le défend la religion chrétienne. Je n'ai ni à condamner ni à absoudre : « Chacun a ses raisons dans sa conduite » — dit Voltaire. Il y a des gens que la rude besogne de la vie a fatigués outre mesure et qui aiment à se coucher de bonne heure. Ne disputons donc pas des goûts. D'ailleurs, s'il faut du courage pour se tuer, — il n'en faut pas moins pour vivre.

Seulement, je ne comprends pas que ceux qui ont résolu de jeter leur guenille humaine au vent ne choisissent pas une autre façon et un autre lieu pour le faire. Paris est une ville indifférente et gouailleuse, qui n'a pas plus le respect de la mort qu'elle n'a celui de la vie, et qui étale autant de prisons et d'hôpitaux que de palais et de théâtres. Pourquoi se donner ainsi en pâture à la malignité publique? On vous trouvera laid sur le pavé de la rue, — écrasé, esclaffé, broyé. On vous trouvera laid sur la dalle de la Morgue, — verdi, gonflé, tuméfié. Quand on meurt en public, il faut savoir mourir avec grâce, — comme un gladiateur. Autrement, ce n'est pas la peine!

Ah! si j'avais un jour à me délivrer moi-même à moi-même le passeport de Werther, si j'avais la velléité sauvage de piquer une tête dans l'Inconnu, — avant l'heure légale, — je sais bien ce que je ferais. Je m'en irais droit devant moi, — jusqu'à la mer. Là, par un gros temps, je prendrais une barque et je gagnerais le large. Bientôt les vagues furieuses viendraient me fouetter au visage, et je boirais, à la dernière coupe amère, le suprême coup de l'étrier.

Ah! les belles funérailles que j'aurais là! Sardanapale sur son bûcher — avec ses cent femmes — a dû être moins heureux que je ne le serais dans ma coquille de noix, en pleine mer, en pleine nuit, en plein équinoxe!

V

Peut-être allez-vous trouver que j'écris là avec une encre bien noire. Mais le sujet ne prête pas beaucoup à la plaisanterie, — convenez-en. Et puis, il me revient à l'esprit en ce moment, malgré moi, un fragment du *Buch der Lieder* de Henri Heine, que je veux vous dire pour clore cet article — et l'enguirlander de scabieuses, d'aches et de cyprès.

« Au bord de la mer déserte et nocturne se tient un jeune homme, la poitrine pleine de tristesse, la tête pleine de doute, et d'un air morne il dit aux flots :

« Oh! expliquez-moi l'énigme de la vie, la douloureuse et vieille énigme qui a tourmenté tant de têtes : têtes coiffées de mitres hiéroglyphiques, têtes en turbans et en bonnets carrés, têtes à perruques et mille autres pauvres et bouillantes têtes humaines. Dites-moi ce que signifie l'homme? d'où il vient? où il va? qui habite là-haut, au-dessus des étoiles dorées?...

« Les flots murmurent leur éternel murmure, le vent souffle, les nuages fuient, les étoiles scintillent, froides et indifférentes, — et un fou attend une réponse. »

TABLE

Ce qu'on appelle, je crois, une préface.	3
A propos de deux plongeurs de l'Océan parisien . .	10
Gérard de Nerval	11
— Alexandre Privat d'Anglemont. . . .	29
La cinquième Division de Bicêtre	34
La mère Melpomène	50
Les Chasseurs de chevelures	59
Les Peaux-Rouges	69
Ce que devient la plus noble conquête de l'homme. .	83
Les heures nocturnes	92
Passé minuit.	109
La cinquième Division de la Salpêtrière	121
Les Trottoirs parisiens.	133
Sa Californie.	150
Les Modèles de Clodion	165
Le Radeau de la Méduse	175

Du Dieu Apis et de la manière de s'en servir	190
Le dernier Tapis-Franc	205
Monsieur de Paris	216
Les Héritiers de Clopin Trouillefou	235
La mère Marie	244
Le Cabaret de la Mort	258
Les Dîneurs de granit	270
L'Avant-dernier Lit	279

www.ingramcontent.com/pod-product-compliance
Lightning Source LLC
Chambersburg PA
CBHW070540160426
43199CB00014B/2309